Bernard HAVEZ
Jean-Claude VARLET

LA PYROGRAVURE

l'atelier DT des loisirs

DESSAIN et TOLRA
10, rue Cassette - PARIS VIe

Collection l'Atelier des loisirs

Introduction à la peinture à l'huile
Créer des bijoux
Les photogrammes
Les émaux sur métaux
Créer des diapositives
L'art des bouquets secs
La céramique chez soi
Le tissage à la main
Le cinéma d'animation sans caméra
Picturmass
Le pochoir en quadrichromie
Initiation à l'émail
La ronde des marionnettes
Renouveau de la mosaïque
La reliure et ses techniques
La pyrogravure
Verre, résine et métal
Art et technique du bois
Introduction à la peinture à l'eau
Le vitrail et ses techniques
Fils et formes
Le patchwork
Papier déchiré
Bois et meubles peints
Photogrammes en couleur
Les procédés report-photo en sérigraphie

Série 21,5 × 25,2

La poterie
Tisser et filer
Vannerie
Teindre et imprimer

Dépôt légal : 3e trimestre 1977. N° d'éditeur : 1799
Imprimé en France par Laboureur et Cie, Paris

ISBN 2-249-26016-8 **

Participation et remerciements

Photothèque du Musée de l'Homme, Palais de Chaillot, Paris.
Musée des tissus de Lyon, rue de la charité.
Christian Ménard, Villeneuve-sur-Lot.
Alain Bourgeon, Commentry.
Alain Conat, Bourg-de-Péage.

Les élèves du C.E.T. de l'Arbresle :
Marc Boniface,
Chrérubin fils, Villeurbanne,
Sylviane Coasse,
Françoise Devigne,
Pascale Fourel,
Maurice Garnier,
Jacques Grimaux, institut « les Cottereaux », Cosne-sur-Loire,
Jean-François Havez,
Elisabeth Ingold,
Jean Moiret et Henri Wieczoreck,
Atelier de pyrogravure de « la Pérollière », E.D.F.,
Anne Laure et Jérome Robert,
Jean-François Varlet.

Photographies :
Michel Huges et Gilbert Anino.

Les auteurs tiennent à remercier également les artisans qui ont aidé, par la reproduction de leurs œuvres, à la réalisation de ce livre.

TABLE

1. Bordure d'étagère en bois clair lourd.
Provenant de Tuléar (Betioky), Madagascar.
Longueur : 201 cm, largeur : 11 cm.
Voir technique, p. 10.
Collection Musée de l'Homme, cliché J. Oster.

LA PYROGRAVURE...

2. Brûlure au chalumeau : cercle obtenu en protégeant le bois avec un disque de métal.

C'est la brûlure de la matière...

C'est la fascination et la magie du feu...

3. Fers chauffant dans un brasero (voir chapitre Les Fers, p. 114).

4. Cuillère, pour les sauces et les liquides, en bois de Téborak pyrogravé. Utilisée par les Touareg (Agadès, Niger).
Collection Musée de l'Homme, cliché Destable.

C'est le plaisir de la forme...

C'est l'éclat du graphisme...

5. Gros plan d'une louche à olives, ⌀ 7 cm.
Christian Ménard.

6 et 7. Pots à miel en bois pyrogravé.
Provenant de Tuléar-Betioky (Mahafaly).
Hauteur 29,5 cm, ∅ 19,5 cm.
Collection Musée de l'Homme, cliché J. Oster.

Pyrograver, c'est retrouver une technique primitive

Pour les objets de Madagascar (voir aussi fig. 1, pp. 4 et 5), la technique est la suivante : La totalité de la surface à décorer est brûlée à l'aide d'une « Aneady » (bêche malgache) rougie au feu ; puis l'artiste découpe le dessin et enlève au ciseau une pellicule de bois brûlé, faisant ainsi apparaître la

8. Cuillères et louche kabyles à couscous.
Collection Christian Ménard.

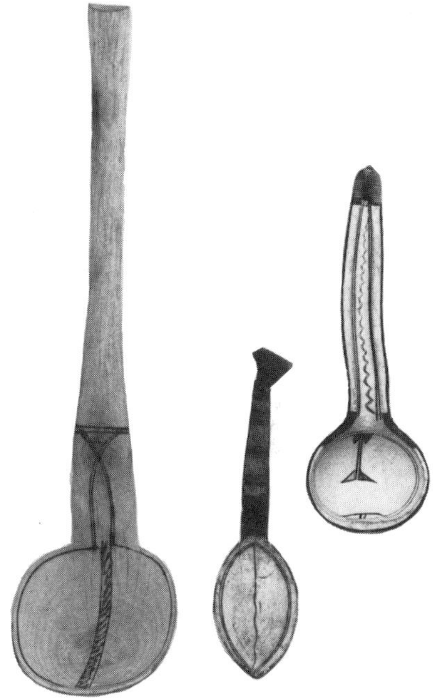

9. Louche de Saïda (Algérie).
Cuillère de l'oasis de Massine.
Louche-calebasse (Côte-d'Ivoire).

couleur originelle du bois et ressortir le décor. Au Pérou, où la pyrogravure est un art populaire, on trouve sur des calebasses des lamas qui voisinent avec des camions pyrogravés : l'art populaire ne s'est pas fait désintégrer par la société actuelle, c'est lui qui l'a intégrée.

10. Poupées traditionnelles pour les filles excisées de Biankouma (Côte-d'Ivoire).
Technique du « fer chaud » sur des côtes de palmier raphia (27 à 43 cm de longueur).
Collection Musée de l'Homme, cliché Hugo Zemp.

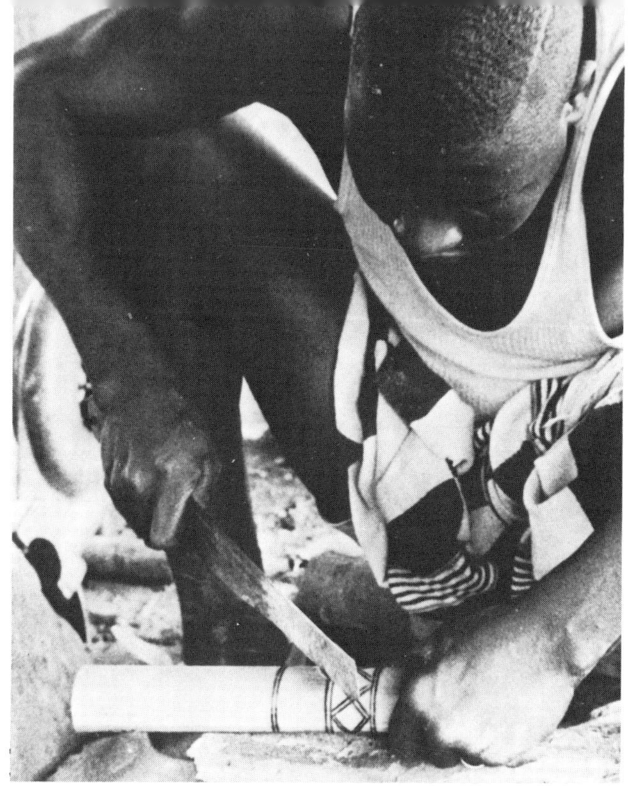

11. Le forgeron grave le dos d'une poupée avec une machette rougie au feu.
Voir revue du Musée de l'Homme « Objets et Mondes », tome VI, fasc. 3, 1966.
Collection Musée de l'Homme, cliché Hugo Zemp.

Les Noirs, les Kabyles, les Touaregs, les gens d'Europe Centrale, d'Amérique du Sud gravent leur vaisselle, leurs objets et leurs idoles...
Autrefois, la pyrogravure était une technique : on creusait les pirogues au feu ; on découpait au Moyen Age le bois de la même façon. C'était aussi un art : Albert Dürer a pyrogravé sur bois.

12. Cruche à bière, en bois à dessins pyrogravés, « Öllekan ».
Hauteur 25 cm, diamètre 20,5 cm.
Ile Saarema (ou Ösel), Estonie (U.R.S.S.).
Collection Musée de l'Homme, cliché J. Oster.

13. Cruche de même provenance.
Ile Saarema (ou Ösel), Estonie (U.R.S.S.).
Collection Musée de l'Homme, cliché J. Oster.

Puis, en Occident, la pyrogravure a été réduite à une technique d'impression (impression de bouchons, marquage de caisses au feu).
L'électricité vient au XXe siècle apporter une solution commode à l'utilisation de l'appareil.
Mais la tradition chez nous n'existe guère, ou bien elle s'est perdue : c'est une aventure à entreprendre...

14. Gourde à chaux en calebasse pyrogravée (longueur 31 cm), accessoire du bétel.
Nouvelle-Guinée, côte Nord.
Collection Musée de l'Homme, cliché Destable.

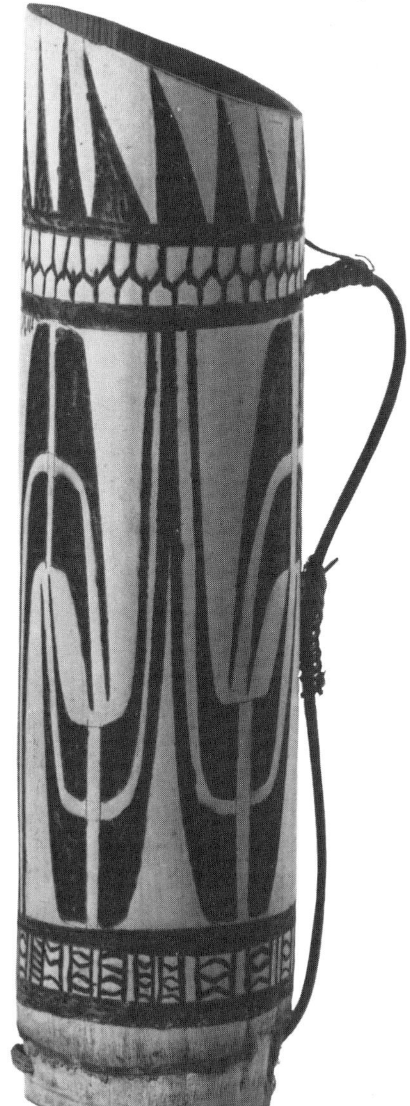

15. Gobelet en bambou pyrogravé, servant pour l'eau et la bière.
Hauteur 24,5 cm, largeur 7,3 cm.
Mokokchung, Nagaland (Inde).
Collection Musée de l'Homme.

16. Boîte à henné en calebasse à décor pyrogravé.
Travail de femme Foulbé.
Garoua (Cameroun).
Collection Musée de l'Homme, cliché Destable.

18. Récipient en calebasse à décor pyrogravé.
Provenant des Foulbé. Garoua (Cameroun).
Collection Musée de l'Homme, cliché Destable.

17. Cuillère en bois décoré (longueur 25 cm).
La partie en relief du décor est noircie au feu.
Pièce provenant de Tuléar (Mahafaly),
région sud de Madagascar.
Collection Musée de l'Homme, cliché Destable.

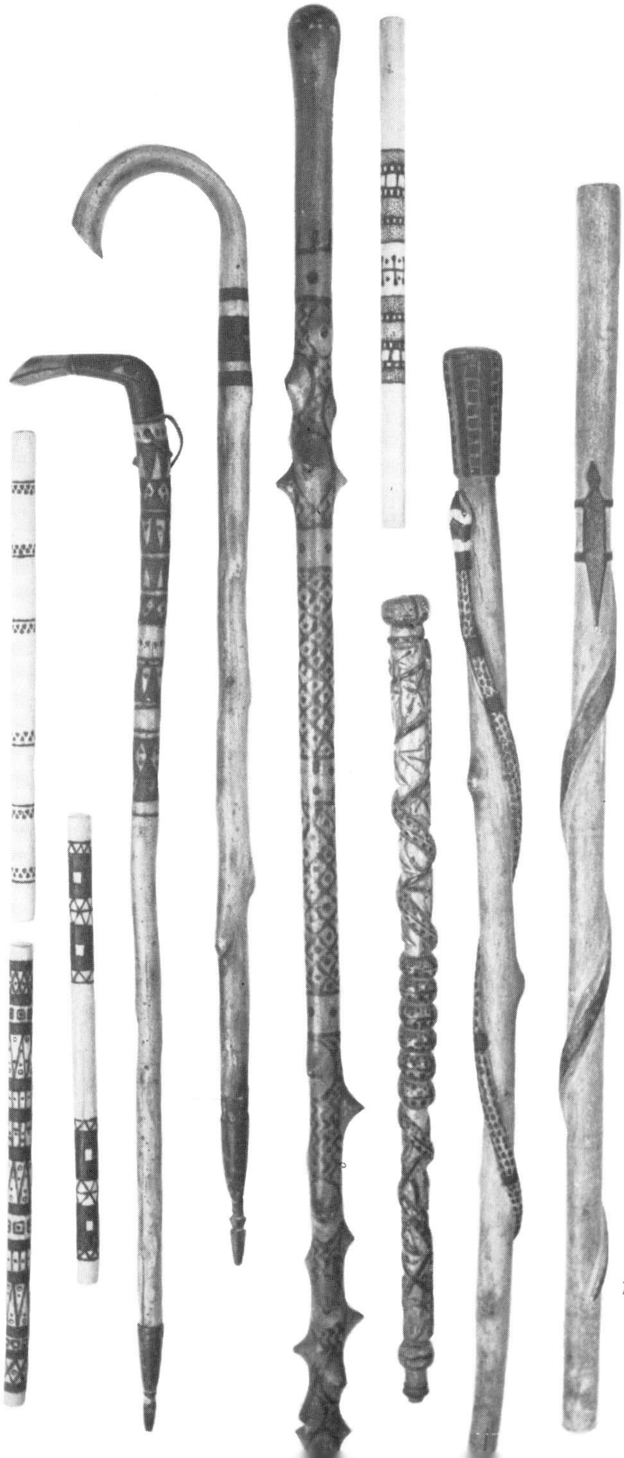

19

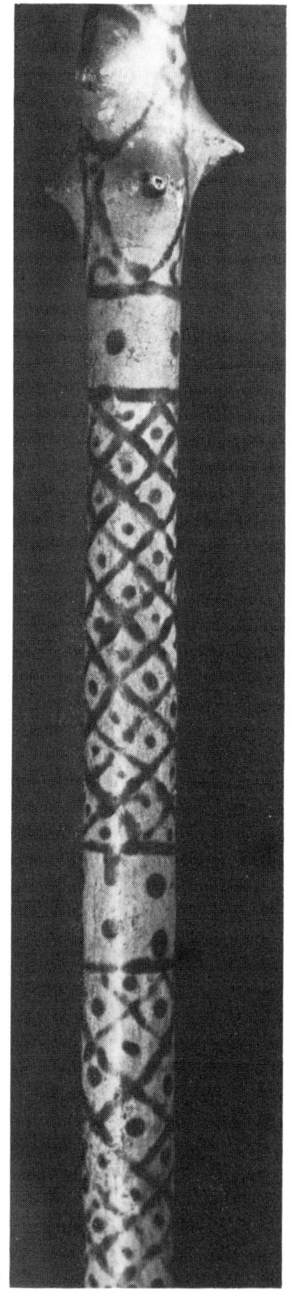

20

21

Au hasard de nos recherches, nous avons découvert ces objets chez des brocanteurs, chez des antiquaires, dans les marchés aux puces...

19. De gauche à droite :

Bâtons de Mikado géants,
cannes de montagne,
bâton de légionnaire pyrogravé à la loupe, au soleil,
et bâtons de « poilu » (1914-1918).

20. Détail du bâton pyrogravé à la loupe.

21. Peignes pyrogravés de provenances différentes.

22

23

22-23. Objets paysans pyrogravés.

24. Récipient à poudre (XIXe siècle).

25. Pyrogravure d'après une châsse du Moyen Age (copie).

La pyrogravure est encore considérée comme une technique d'art mineur ; c'est que pour des raisons d'impuissance créatrice ou de mode commerciale, on l'a réduite à des calques, des poncifs, des copies comme pour le canevas, le fer forgé... Ce travail ordinaire (pyrogravure « souvenir », ustensiles de ménage, etc.) ne favorise pas toujours la création. Pourtant, la pyrogravure peut être un art, un moyen d'expression artistique comme tout autre.

26. Gros plan d'une planche pyrogravée.

La pyrogravure,
c'est un petit bas-relief

Le travail de la pyrogravure

La pyrogravure, c'est aussi une question d'échelle : de loin, c'est un dessin ; de près, c'est de la gravure, presque un bas-relief. La lumière joue avec délicatesse dans les creux comme sur une médaille.
Le trait est différent selon le bois travaillé. Dans les bois tendres, il est plus ou moins embué, il s'étale et crée des zones fumées ; c'est ce qui caractérise le trait pyrogravé. La chaleur circule dans les fibres du bois. Nous retiendrons, par commodité, le terme de *sfumato* emprunté à la technique du fondu, de l'estompé de Léonard de Vinci. Au contraire, dans les bois durs, le trait est incisif, net, brillant et précis. La pyrogravure admet difficilement le hasard, le trait est presque toujours voulu : il demande une attention soutenue, car le fil du bois aide ou contrarie la main. La pyrogravure, c'est un graphisme : suivant le geste et l'outil, on a un point, une ligne de points, des semis, des nuages..., on a des entailles, des traces profondes, des fonds « bouchés » ou transparents, des traits irisés, comme un lavis, comme des traits d'encre sur le papier mouillé.
Mais la pyrogravure, c'est aussi la coloration du bois qui se teinte sous l'effet de la chaleur. Comme elle est plaisir de créer, n'importe qui peut en faire : on trouve dans le commerce des pointes et des appareils.

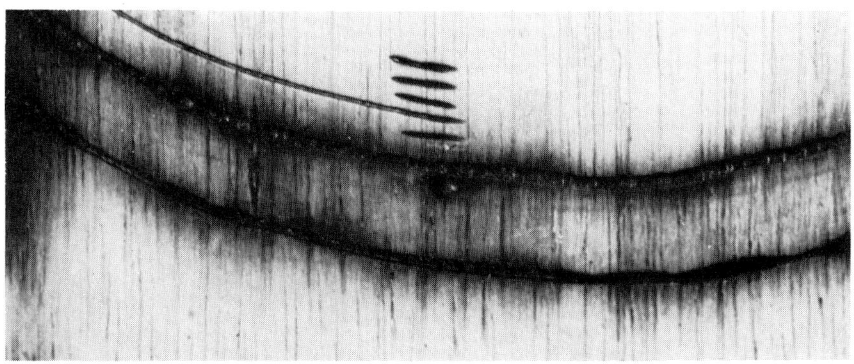

27. Gros plan sur des effets de traits fumés (sfumato sur contre-plaqué). Remarquez que les petits traits, exécutés à la pointe couteau T 20 peu chauffée, sont sans bavures.

Les pointes à pyrograver

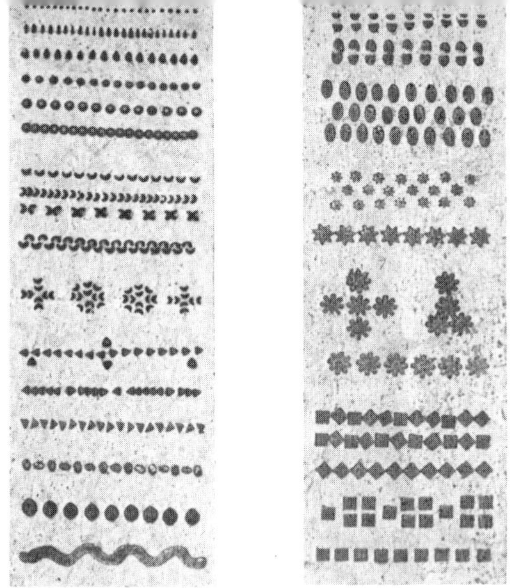

28-29. Échantillonnage de pointes diverses sur plaques de liège.

On peut classer les pointes en deux catégories :

Il y a celles qui ne proposent pas de motif tout prêt : type pointe universelle.
Il y a celles qui, au contraire, sont conçues pour imprimer un motif géométrique déterminé.
On a envie de travailler avec toute la série, mais ce n'est pas la série qui fait l'imagination. C'est un choix à faire comme le choix de l'objet, de son volume, de la matière, du graphisme...
Le débutant s'amuse souvent, par facilité ou par paresse, à utiliser de préférence l'arsenal des triangles, cercles, fourches, ovales, se limitant ainsi à un exercice de poinçonnage automatique : c'est là du remplissage de surface et non une création de décor.
Il existe un autre défaut, qui est de porter toute son application à l'exécution de la pyrogravure sans laisser de place à l'improvisation : ceci entraîne une sécheresse d'expression et une écriture froide et déshumanisée. (Ce défaut peut devenir une qualité si l'effet est voulu.)
D'une manière générale, mieux vaut éviter le pot-pourri de formes dans un même travail : il crée la surcharge, à moins d'être bien contrôlé. Avec une seule pointe, on peut presque tout dire.

Quelques recommandations

Les pointes sont résistantes, mais certaines précautions sont à prendre :
- Éviter de mettre en contact le filament de la résistance avec les parties métalliques de l'appareil : on risque de faire sauter ce filament.
- Résister à la tentation de travailler avec le filament de la pointe qui chauffe beaucoup plus que la pointe elle-même. Les élèves utilisent ce filament pour le brunissage des surfaces ou pour agrandir des trous en les vrillant à l'intérieur : ceci est formellement déconseillé.
- Éviter, en outre, de laisser la pointe toucher le fil de raccordement au secteur (220 V).

30. Exercice de pointes diverses sur le thème du mineur de fond.

Autres thèmes possibles : forage de puits de pétrole, couches géologiques, monde animal souterrain, spéléologie, etc.
Technique sur planche à dessin industriel ; bois de peuplier très tendre, blanc, très facile à travailler.

Les différents types de pointes

Chaque pointe comporte deux numéros.

Le premier numéro (exemple : n° 11) correspond à l'appareil G 2, le second (exemple : n° 21) aux appareils G 3 et G 4 (voir p. 30 pour ces appareils).

La courbe universelle : nos 11 et 21. Elle peut se substituer à toutes les autres pointes. Son tranchant peut être aiguisé pour obtenir un trait plus fin.

La pointe conique : nos 12 et 22. Elle est idéale pour les points bien ronds et de diamètres variables suivant l'enfoncement du cône dans le bois.

La pointe plate : nos 13 et 23. Elle donne un trait bien fin, elle glisse parfaitement sur les supports peu rigides et donne, employée à plat, un décor en demi-cercle sur le bord des objets.

La pointe pour velours : nos 14 et 24. Elle chauffe peu. Elle peut être complétée par les pointes B 14 ou B 24 et remplacée par les pointes P 10 et P 20.

La pointe à pyrosculpture : nos 15 et 25. Elle est comparable à un burin de gravure chauffant et permet d'obtenir une incision biseautée profonde, ouverte et brillante.

La pointe pour dorure : nos 16 et 26.

La boule de 1 mm : n° B 11 ou B 21. Elle est fragile à chaud, elle donne des points réguliers et profonds.

La boule de 2 mm : n° B 12 ou B 22. Elle pénètre très bien dans tous les bois, même très durs, et se déplace facilement sur les bois veinés.

La boule de 3 mm : n° B 13 ou B 23. Mêmes caractéristiques que la précédente.

Jumelée aux boules de 1 et 2 mm, elle permet :
- la répétition abstraite de cercles imprimés en creux ;
- la traduction du volume (ombre/lumière) sur trame régulière (imitation de la trame d'imprimerie) ;
- la suggestion de la perspective.

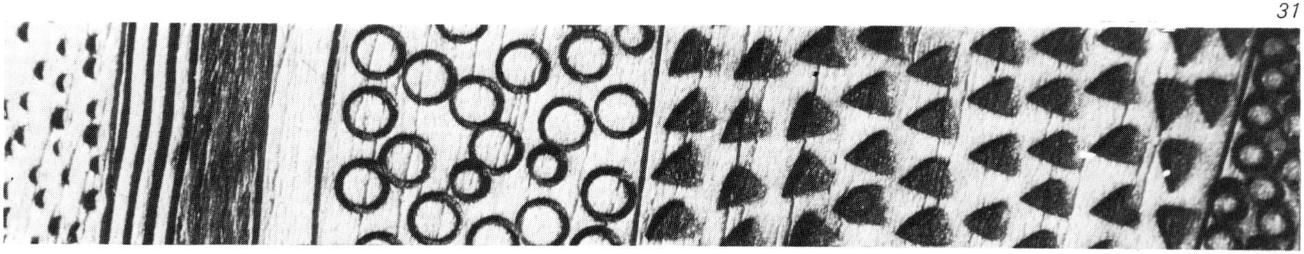

31

La boule de 4 mm : nº B 14 ou B 24. Elle donne un gros point semi-sphérique, en creux, et très luisant. Elle est utile pour animer des fonds déjà noircis.

Le cercle de 3 mm : nº C 13 ou C 23. Il faut éviter de laisser cette pointe trop longtemps en place au contact du bois si l'on veut obtenir une circonférence nette.

Le cercle de 4 mm : nº C 14 ou C 24. Sur bois tendres, suivant l'angle d'attaque de la pointe, on obtient des portions de cercles. Si l'on dispose d'un fer à souder, il peut être intéressant de fabriquer de semblables cercles, mais de diamètres plus forts (voir chapitre Fers).

La pointe couteau : nº T 10 ou T 20. Elle permet d'inciser le bois en le noircissant. Ses traits sont plus acérés que ceux de la pointe universelle : elle est parfaite pour un travail de similigravure (hachures, parallèles ou croisées, incisions triangulaires aiguës).

La fourche : nºs F 10 et F 20. Sur place, elle donne 4 points équidistants. En déplacement, elle donne 4 droites parallèles : effets de peignes, réalisables surtout sur bois tendres.

La pointe à brunir : nºs P 10 et P 20. Efficace surtout sur bois tendres, elle permet d'obtenir des fonds unis ou pommelés (effets de nuages, par exemple), de brunir, de noircir, sans défoncer les surfaces. Ces fonds, repris par endroits au papier de verre, donnent un modelé en valeurs d'une très grande sensibilité.

La pointe ovale : nº 010 ou 020. En se déplaçant à plat, elle donne des traits épais. En modifiant l'angle d'attaque, on peut faire varier la forme du motif.

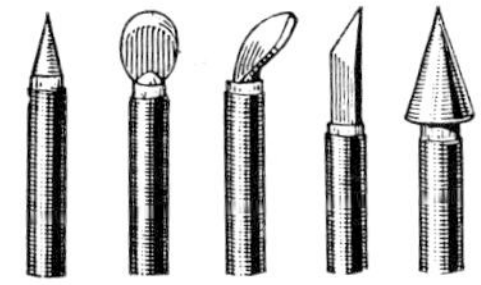

3622 12 13 14 15 16
3623 22 23 24 25 26

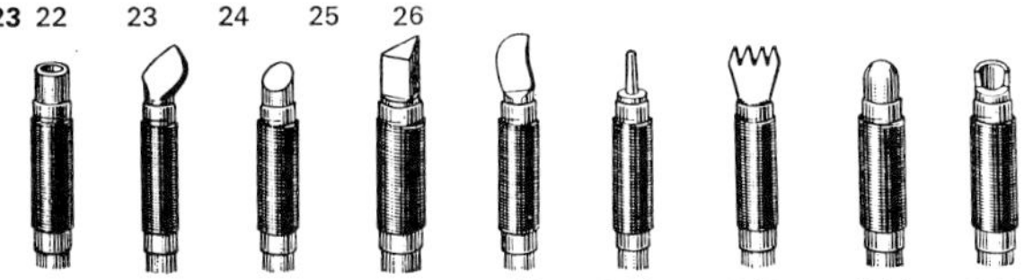

3622 C 13 P 10 O 10 R 10 T 10 B 11 F 10 B 14 D 14
3623 C 23 P 20 O 20 R 20 T 20 B 21 F 20 B 24 D 24

Le triangle : nº R 10 ou R 20. Pour les lignes droites, il peut remplacer la pointe universelle. Il permet d'imprimer des triangles de dimensions variables suivant l'angle d'attaque. Il permet, en outre, le brunissage.

Le demi-cercle : nº D 14 ou D 24. Par répétition, superposition, inversion, il est possible de réaliser de nombreuses combinaisons décoratives avec cette pointe (voir quelques exemples figure 28).

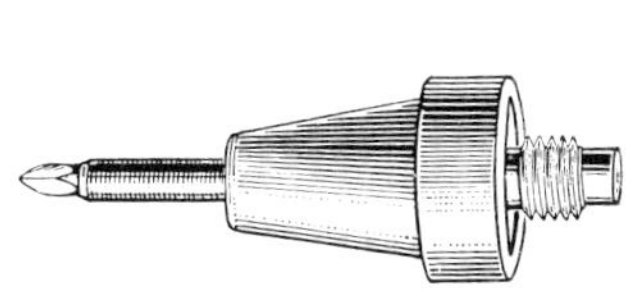

3622 nº 21

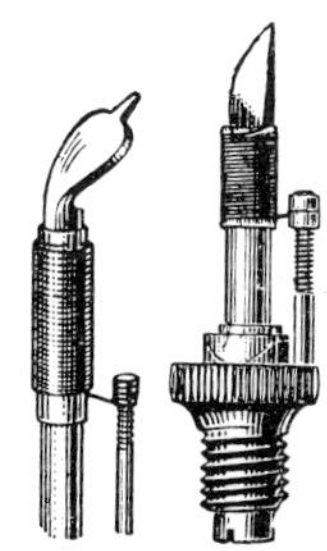

3624 **3623 nº 21**

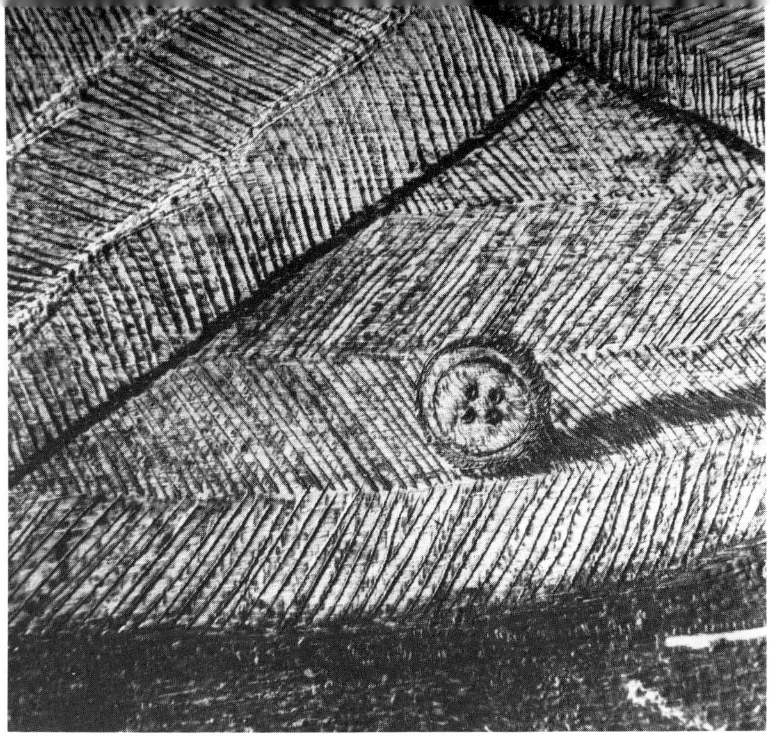

34. Travail en similigravure
à la pointe T 20 (détail).

35. Brunissage des fonds
à la pointe 24 (détail).

36. Décor par points à la pointe 22.

37. Valeurs optiques à la pointe D 24.

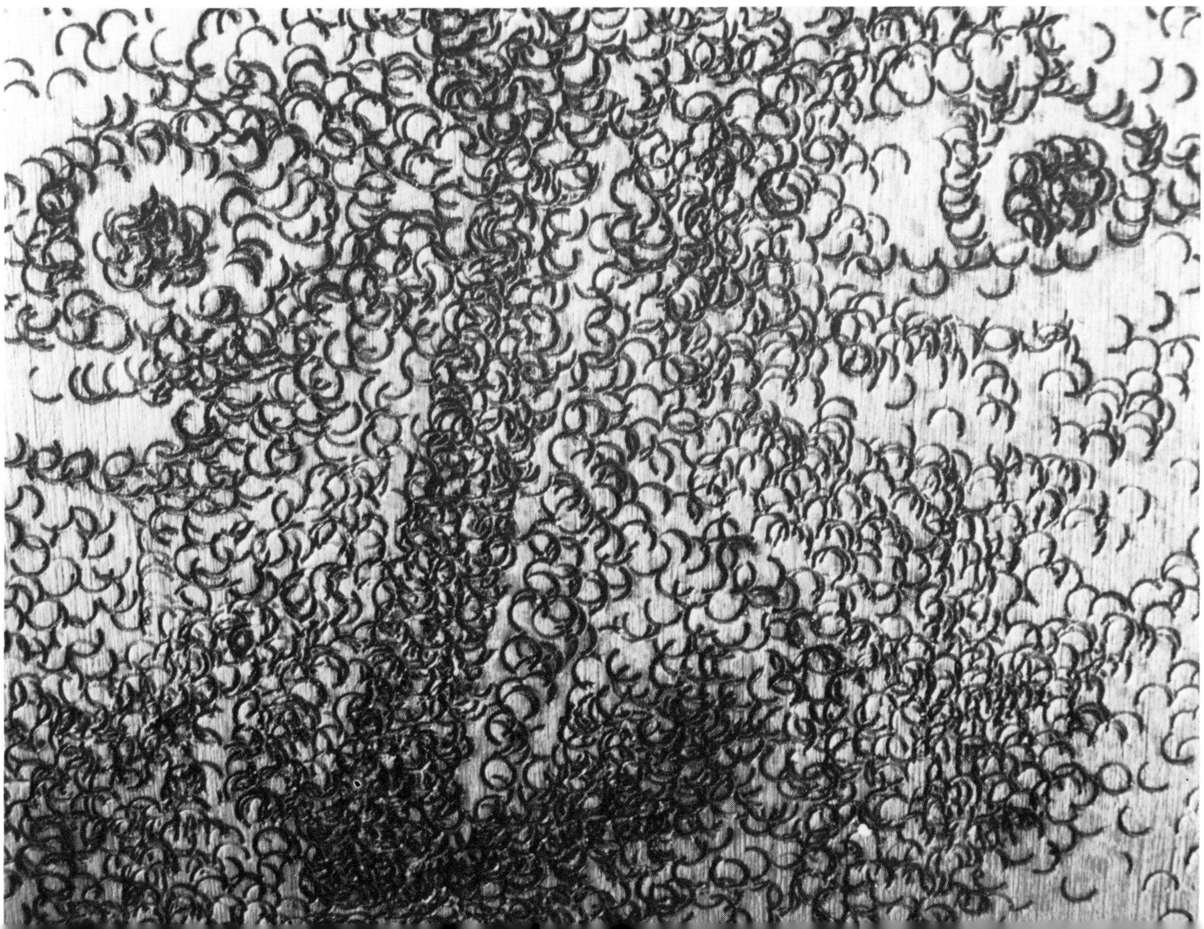

38. Cuilleron pyrogravé par Christian Ménard.
Le trait en pleins et déliés est réalisé à la pointe universelle n° 21.
Les motifs et la composition évoquent les décors traditionnels d'Europe Centrale.

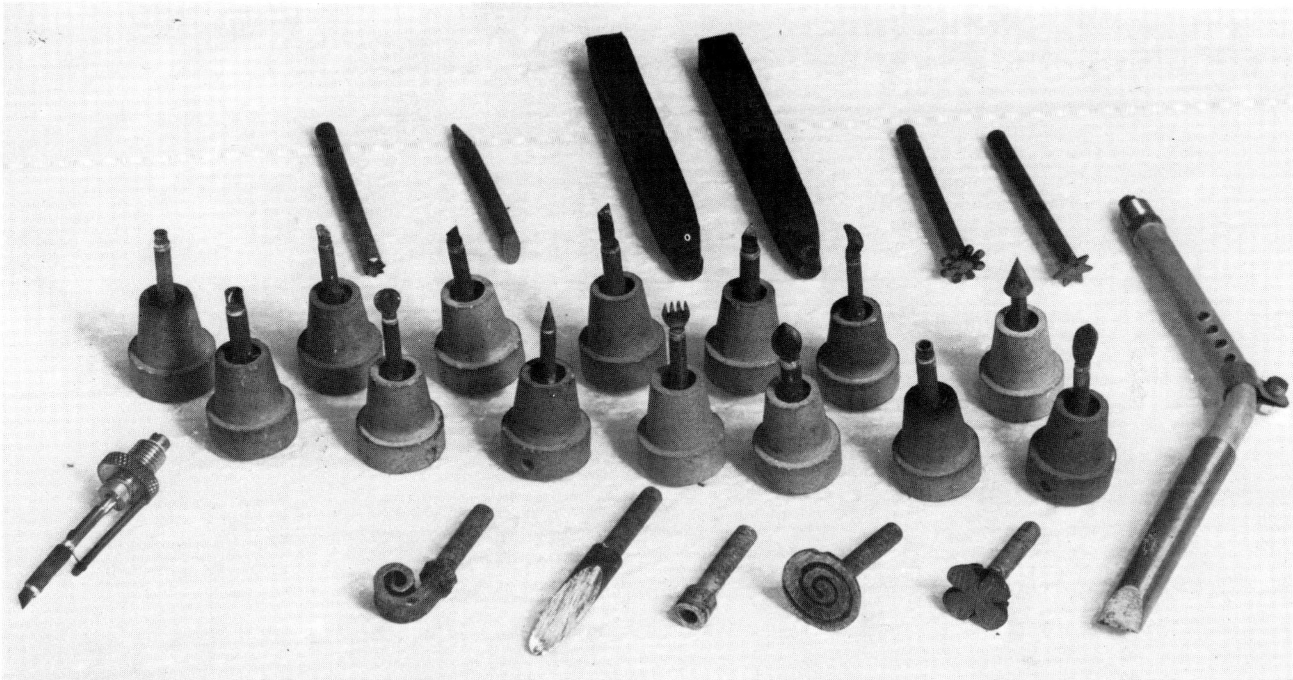

39. Ligne frontale : pointes fabriquées en cuivre.
Ligne médiane : pointes classiques.
Ligne arrière : quelques poinçons pour pyrograver.

Les pointes préfabriquées

Le fabricant d'appareils classiques peut, sur commande, réaliser des modèles de pointes « hors commerce ». En utilisant un fer à souder électrique puissant ou certains appareils à pyrograver allemands, vous pouvez remplacer le bec classique par une tige de cuivre façonnée selon vos désirs (voir photo ci-dessus, ligne du bas).

Les pyrographes et les outils pour la pyrogravure

On emploie souvent et abusivement le terme « pyrograveur » pour désigner l'appareil, alors qu'il s'agit du « pyrographe ». Le mot « pyrograveur » désigne l'artiste en pyrogravure.

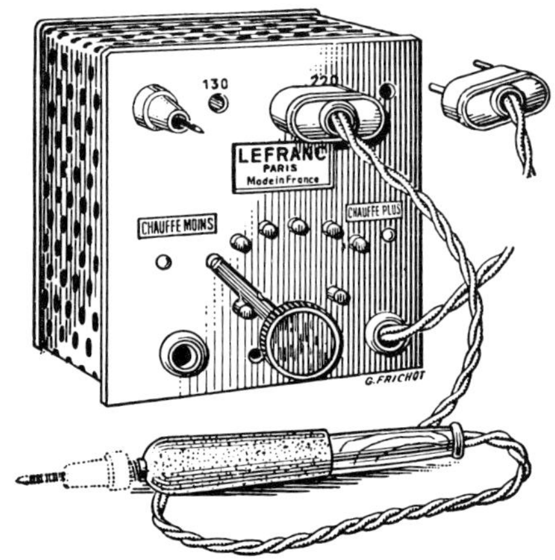

Définition

Le *pyrographe* est un appareil convertissant le courant alternatif dangereux en courant de basse tension non dangereux. Il comporte un crayon sur lequel s'adapte une pointe avec filament (crayon + pointe = stylet) qui, en chauffant, brûle et grave le bois.

Il existe dans le commerce plusieurs types d'appareils très pratiques. Un libraire offrant un rayon de matériel d'activités manuelles, ou un spécialiste d'articles de beaux-arts, aidera efficacement à choisir l'appareil convenant à chacun. Voici quelques exemples :

— *L'appareil courant G 2* (fig. 40), simple modèle, de fabrication française, est l'appareil le moins coûteux ; sans danger, il peut être utilisé par des élèves de tous âges. Il comporte un rhéostat à 6 plots, permettant d'augmenter ou d'abaisser la température à volonté. Cet appareil consomme 120 W/h en 220 V (pour plus de renseignements, voir les notices éditées par le fabricant).

— *L'appareil G 3* (fig. 41) pour travaux plus importants ; il est plus coûteux. Il a les mêmes caractéristiques que l'appareil précédent, mais est plus solide. Les pointes à pyrograver sont cependant spéciales à cet appareil. Sa puissance plus grande permet l'utilisation d'une pyroscie et d'un bec à soudure (panne). Il est à noter que cet appareil consomme moins que l'appareil G 2 (30 W/h), ce qui le rend plus intéressant pour le travail en groupe.

— *L'appareil G 4* (fig. 41). Il offre toute les possibilités d'utilisation, en particulier la possibilité de sculpter au moyen de pointes spéciales. On peut lui adapter également une table de découpe électrique et un fer à souder spécial.

41

Il existe d'autres modèles vendus dans le commerce et basés sur le même principe. Ils permettent parfois d'adapter la pointe à sculpture ou de grosses pointes qui renouvellent en forme et grandeur la gamme des pointes classiques (appareils américains). Certains appareils allemands sont conçus comme de simples fers à souder. Les poinçons sont interchangeables (voir fig. 39, ligne arrière). Il est donc possible de fabriquer de nouveaux poinçons. Notons que l'on peut créer soi-même un appareil à peu de frais (cf. Système D, *La revue des bricoleurs,* n° 302, mars 1971, pp. 102 à 106).
L'un des appareils étudiés dans cet article donne la possibilité de brancher 4 à 8 stylets, ce qui est très pratique pour le travail de groupe ou pour l'artiste solitaire, qui évitera ainsi la perte de temps en changeant constamment de pointe. Notez également l'achat des cordons en grande quantité pour éviter les changements de pointes trop fréquents.

On peut également se passer des appareils classiques à stylets. Il suffit de mettre des outils directement dans le feu ou sur une flamme de gaz (lame de couteau, tournevis, poinçon, clé à pipe, etc.,)
De la même façon, on peut porter au rouge, dans un four à émaux par exemple, des objets métalliques et les poser à l'aide de pinces sur du bois (tas métalliques, formes de lettres en acier, formes diverses, etc.).
La flamme d'une bougie sur support tendre (papier, carton, tissu...) donne aussi quelques effets à exploiter. La loupe et le soleil peuvent créer des motifs aux points, aux traits, tremblés et discontinus (voir fig. 20).
Des matrices avec manche rougies au feu ou dans un brasero (voir fig. 3) suffisent également. Nous en parlerons dans le chapitre Fers (voir p. 114).
Le chalumeau sur bois, métal et plastique est une technique rapide. Le sable chaud donne des effets ombrés (voir chap. Chalumeau et sable chaud).

Les supports

Nous entendons par supports aussi bien les bois indigènes que les bois exotiques, les agglomérés, les contre-plaqués et l'Isorel.
Mais nous aborderons aussi plus loin dans ce livre d'autres catégories de supports, tels que le cuir, l'ivoire, la corne, le velours, le Plexiglas, le Formica, le plastique, le polystyrène, la mousse synthétique, le papier, le carton, le métal, le liège... qui peuvent tous se pyrograver.

Les bois

Il existe une grande variété de bois. Presque tous ces bois peuvent être pyrogravés. Nous nous sommes donc limités aux bois courants.
Selon la destination de l'objet, selon le résultat recherché et la technique employée, le choix du matériau sera différent.

Acajou (exotique) : sombre, dur, donne une pyrogravure peu contrastée et discrète.

Buis (indigène) : très dur, lourd, jaune pâle, donne des résultats flatteurs, mais présente l'inconvénient d'être coûteux.

Cerisier : gris rougeâtre, avec des veines brunes, se travaille facilement, se polit bien, mais est sujet au gauchissement.

Charme : bois blanc dur, difficile à travailler en raison de la direction irrégulière de ses fibres.

Chêne : très grande variété, selon la provenance; très difficile à travailler en raison de sa dureté, de ses veines. Choisir pour la pyrogravure certaines espèces plus tendres.

Citronnier : jaune clair, prend un fort beau poli, très facile à travailler.

Cornouiller : blanc, très dur.

Érable : blanc, sillonné d'ondulations grisâtres et dures. Autorise un travail précis et très aisé en pyrogravure malgré sa dureté.

Frêne : sillonné d'un veinage très capricieux, aspect blanc ou brun, ou roux. Utilisable pour le tournage. Se travaille bien en pyrogravure.

Hêtre : difficile à polir, se fend beaucoup en bout de plateau. Donne une pyrogravure précise.

Houx : très dur, serré, se polit très bien. Le réserver pour un travail de pyrogravure précieux.

Marronnier : peu résistant, poreux, mais un des bois blancs les plus agréables à travailler. Donne de beaux contrastes de valeurs. Permet de jouer avec les sfumatos.

Noyer : jaune fauve, donne un beau poli et ne gauchit pas. Cependant coûteux.

Peuplier : très facile à pyrograver.

Platane : grain fin, se polit bien, ne gauchit pas, plus brun mais moins dur que le hêtre.

Poirier : grain fin pour travail très précis, par exemple en vue d'une pyrogravure à imprimer sur papier (voir chap. Impression).

Sapin : offre de très belles veines bien nuancées; extrêmement poreux, fragile, de couleur rouge et blanc : l'alternance des parties tendres et dures peut être un inconvénient pour la pyrogravure, mais l'artiste obtient pour la même raison un graphisme irrégulier, non négligeable, souligné par un brunissage du bois autour du trait lui-même (sfumato).

Tilleul : grain fin, jaune tendre, léger, très bon pour le travail au point, excellent pour la pyrosculpture.

Il convient de mentionner encore les contre-plaqués et les agglomérés (Novopan, par exemple) qui sont très faciles à travailler.

La composition, le parti décoratif

« J'achète l'objet parce qu'il me plaît, ou je le fabrique moi-même. Il y a ensuite parfois un temps très long de méditation sur le décor, car on a peur de salir, d'abîmer ce qui est déjà beau en soi. On a cet objet dans les mains, on étudie sa fonction, on comprend bien sa forme. Et le décor naît de ce jeu entre l'objet et soi-même. »

La recherche du décor pyrogravé

En plus d'une réflexion sur le dessin (courbes, droites, pleins et déliés, graphisme...), la pyrogravure exige une prise de conscience des problèmes de composition. Que l'ensemble du dessin soit géométrique ou subjectif, il faut penser à composer les motifs, les équilibrer ensuite les uns par rapport aux autres, les adapter à la forme, à la fonction, à l'échelle, à la matière de l'objet et à la technique de la pyrogravure.

Tout décor réclame d'être placé au meilleur endroit, et cette situation obéit à des lois d'équilibre visuel : le décor peut se construire en utilisant les propriétés de division des figures géométriques (axes, diagonales, médianes, rayons, etc.).

Exemple : pour le cercle, on peut construire le décor sur les rayons, les axes, les diamètres, etc., ainsi que sur des cercles concentriques ou excentrés, etc. Ces constructions sont valables pour les autres figures (carré, rectangle, triangle, losange, etc.).

Pour une étude plus complète de la composition, il existe quelques ouvrages qu'il serait bon de consulter. Nous recommandons celui de Pierre Karl, professeur à l'ENNA de Paris : *« Comment décorer un cercle, un carré ? »*, publié par le Centre régional

42

42, 43, 44 et 45. Étapes de travail d'une assiette réalisée par Christian Ménard (Coupelle de sycomore, diamètre : 8 cm).

1re étape. L'assiette est divisée en cercles concentriques d'espacements volontairement irréguliers.

2e étape. Naissance du décor. Au centre, division sur l'octogone avec motif rayonnant. Au milieu, recherche d'un décor quadrilobé, construit sur les axes. A l'extérieur, décor sensiblement régulier et à répétition.

3e étape. Enrichissement du décor dans les zones centrales. Dans les lobes, décors symétriques, nervurés, soulignant le contour et accentuant le parti rayonnant (pleins et déliés).

4e étape. Enrichissement définitif du décor, en respectant l'alternance des zones simples et des zones chargées.

pédagogique de Clermont-Ferrand. Cette étude étant trop longue à développer, nous avons, faute de place, analysé quelques objets pris au hasard de nos illustrations.

Les étapes de travail

Il y a, d'une manière générale, deux façons de procéder :

— *RECHERCHE PRÉALABLE* au crayon, à la plume, au feutre, de l'esquisse sur papier et sur calque ;
— report du calque sur le support (mine de plomb, craie, poncif, etc. Évitez le papier carbone qui salit et s'efface difficilement) ;
— exécution du dessin définitif en pyrogravure.

— *RECHERCHE DIRECTE* de l'esquisse au crayon sur le support (évitez le crayon à bille et les feutres indélébiles) ;
— création directe pyrogravée en améliorant l'esquisse.
Cette dernière façon de procéder, qui ne dissocie pas l'invention de la technique, nous semble une meilleure démarche de création. Elle augmente en outre le plaisir de créer.

N.B. La division d'une surface géométrique simple en vue d'une répétition peut être faite sans instrument. En règle générale, faire confiance à l'œil, l'excès de précision entraînant un résultat mécanique qui s'adapte mal à l'aspect rustique de bien des objets en bois.

43

44

45

Cuillère de gauche « Les Perroquets »
Division du cuilleron en 4 parties sur les diagonales. La transposition géométrique des oiseaux a été faite en composant sur des cercles concentriques et sur des rayons.
Les noirs des becs et des queues soulignent la forme de l'objet (répétition avec inversion de ces noirs).

Cuillère du centre « Les Oiseaux-Masques »
Composition apparemment symétrique sur l'axe vertical de la cuillère.
L'ensemble des oiseaux épouse le contour général du cuilleron, la forme des ailes et leurs décors excentrés jouent en opposition.

Cuillère de droite « Les Ménates »
Les oiseaux sont construits sur un réseau de droites qui se recoupent.
Recherche de l'équilibre des courbes pour que le motif s'adapte à la forme de la cuillère et pour contrebalancer les droites (opposition courbes-angles).
Équilibre des blancs et des noirs.
Équilibre du graphisme (hachures et tirets).

Le parti décoratif

En pyrogravure, il est souvent souhaitable d'adopter un parti de composition très franc : soit simplifier le décor (fig. 47), soit le charger et l'enrichir (fig. 48, par Christian Ménard).

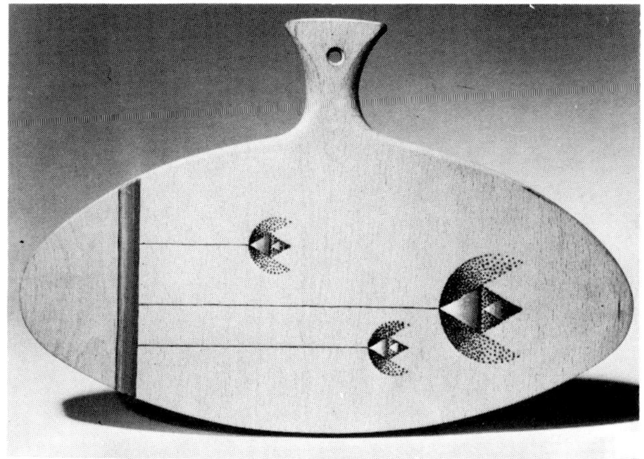

47

48

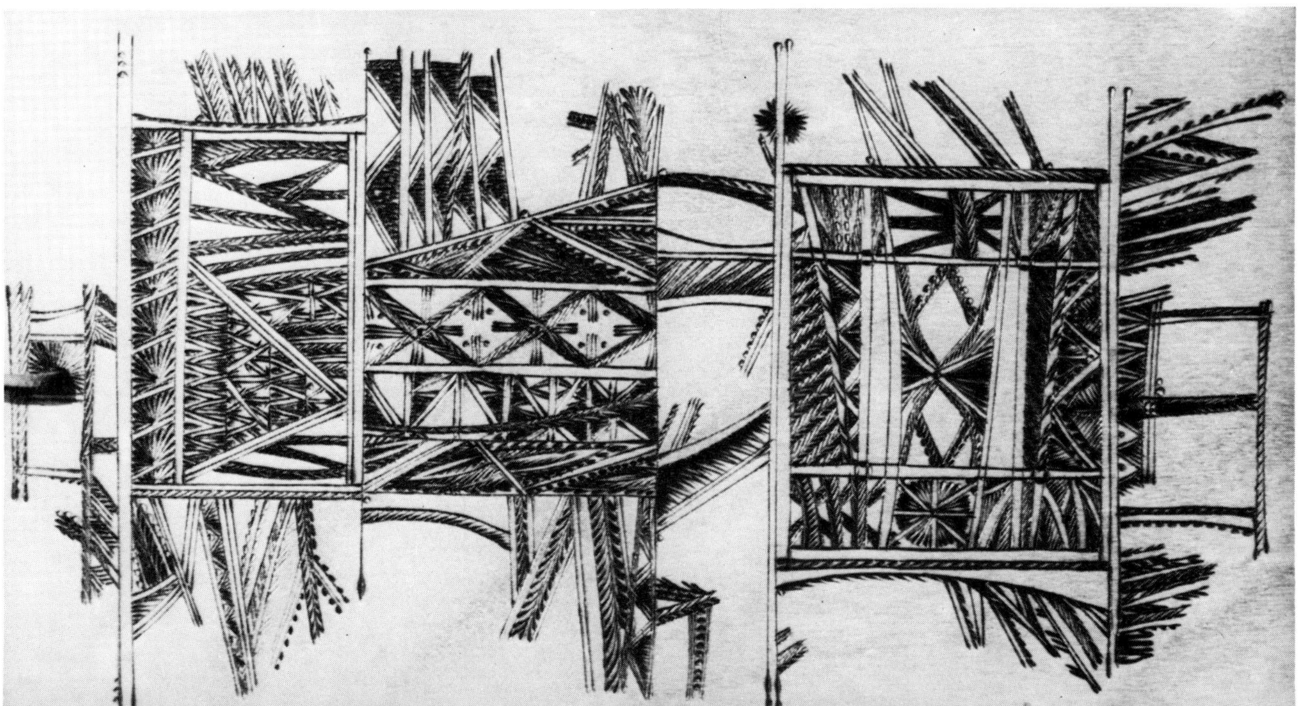

49, 50, 51, 52, 53. Pendentifs (Christian Ménard). Exemples de décors adaptés à une forme extérieure (inscription dans la forme) et enrichis au maximum. Pleins et déliés.

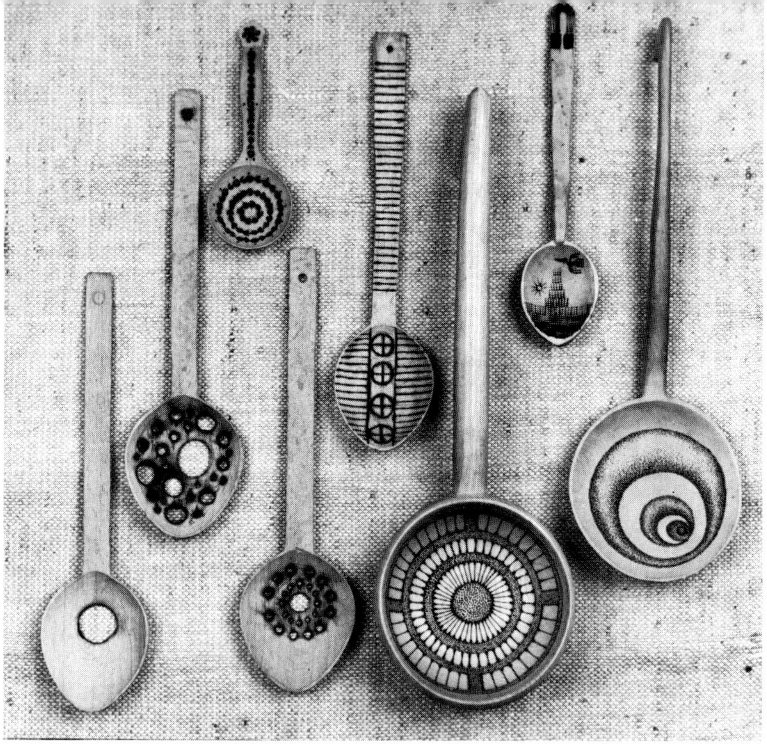

54. Cuillères turques percées au tisonnier et autres types de décors.

55. Décors intégrés à différentes formes. Travail à la courbe universelle.

56 *(page ci-contre)*.
Pyrogravure et peinture à l'huile, alternance de zones calmes et de zones chargées de décors.

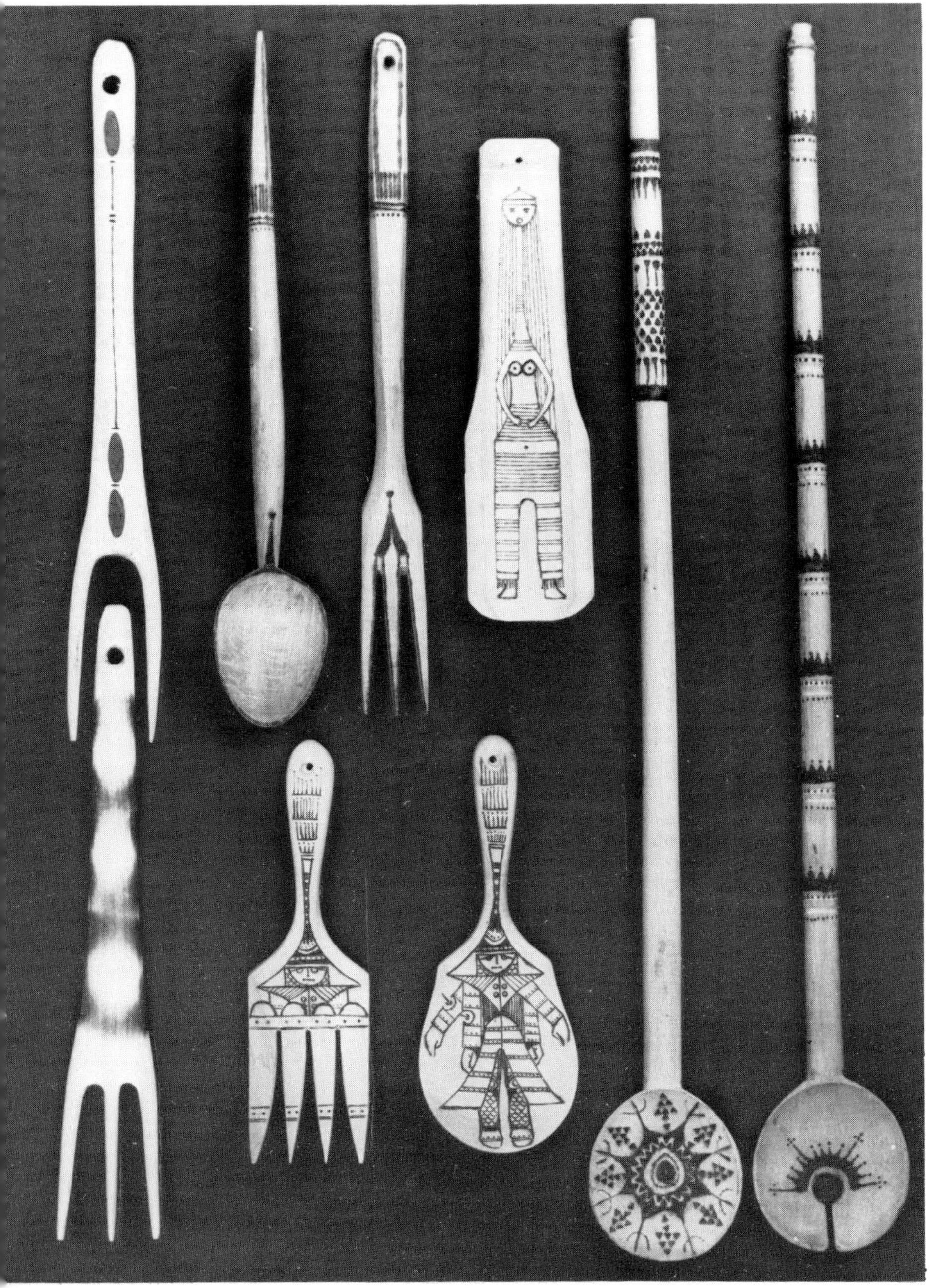

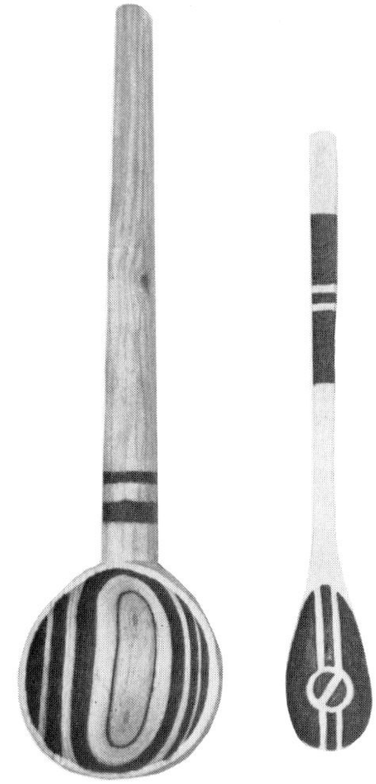

57. Techniques diverses.
De gauche à droite : fourchette turque à trois dents, ayant été posée sur les brûleurs d'un réchaud à gaz.
Au centre, spatule large taillée dans un gros bambou japonais (femme-girafe).
A droite, couvert yougoslave à long manche. A l'extrême droite de la photo, l'objet a été percé au feu.

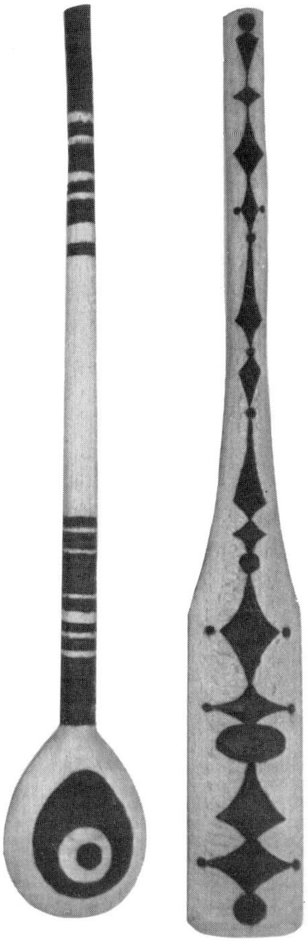

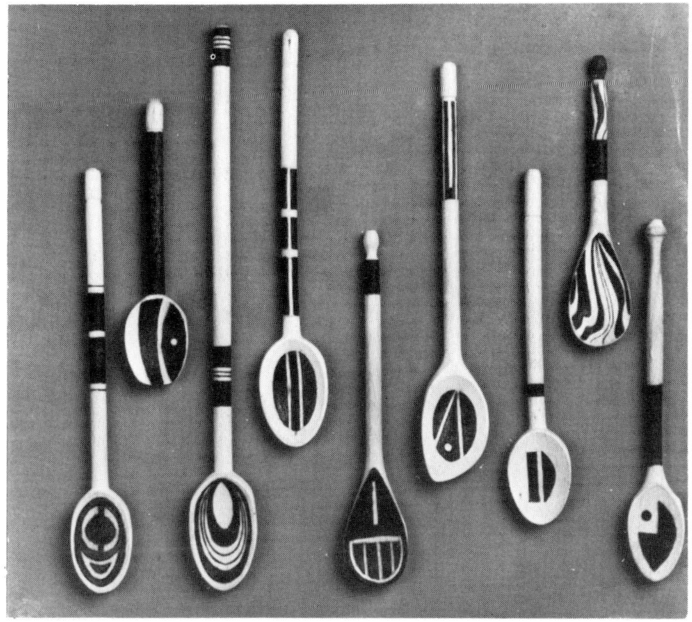

59

60

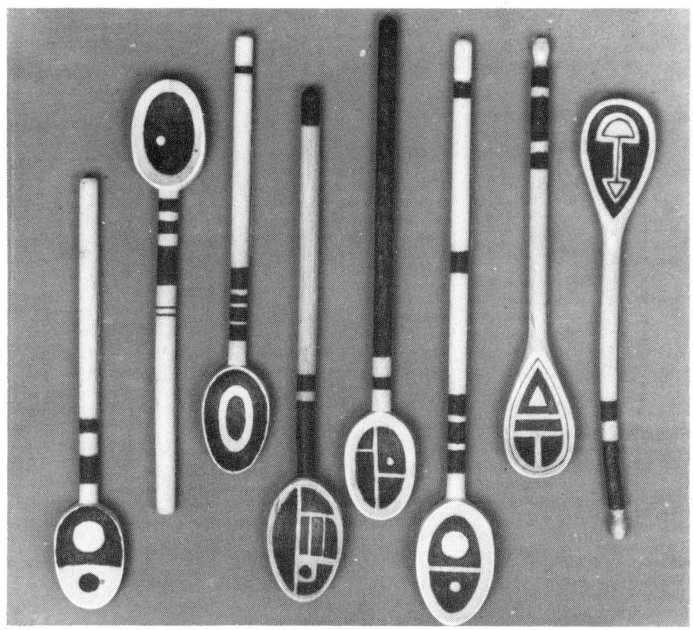

58, 59 et 60. Recherches de motifs simples adaptés à la forme :
Cuillères à farine courantes et bon marché à conseiller pour des études préliminaires dans les écoles (décors de l'ovale).
Notez l'étude de la répartition du décor sur les manches.

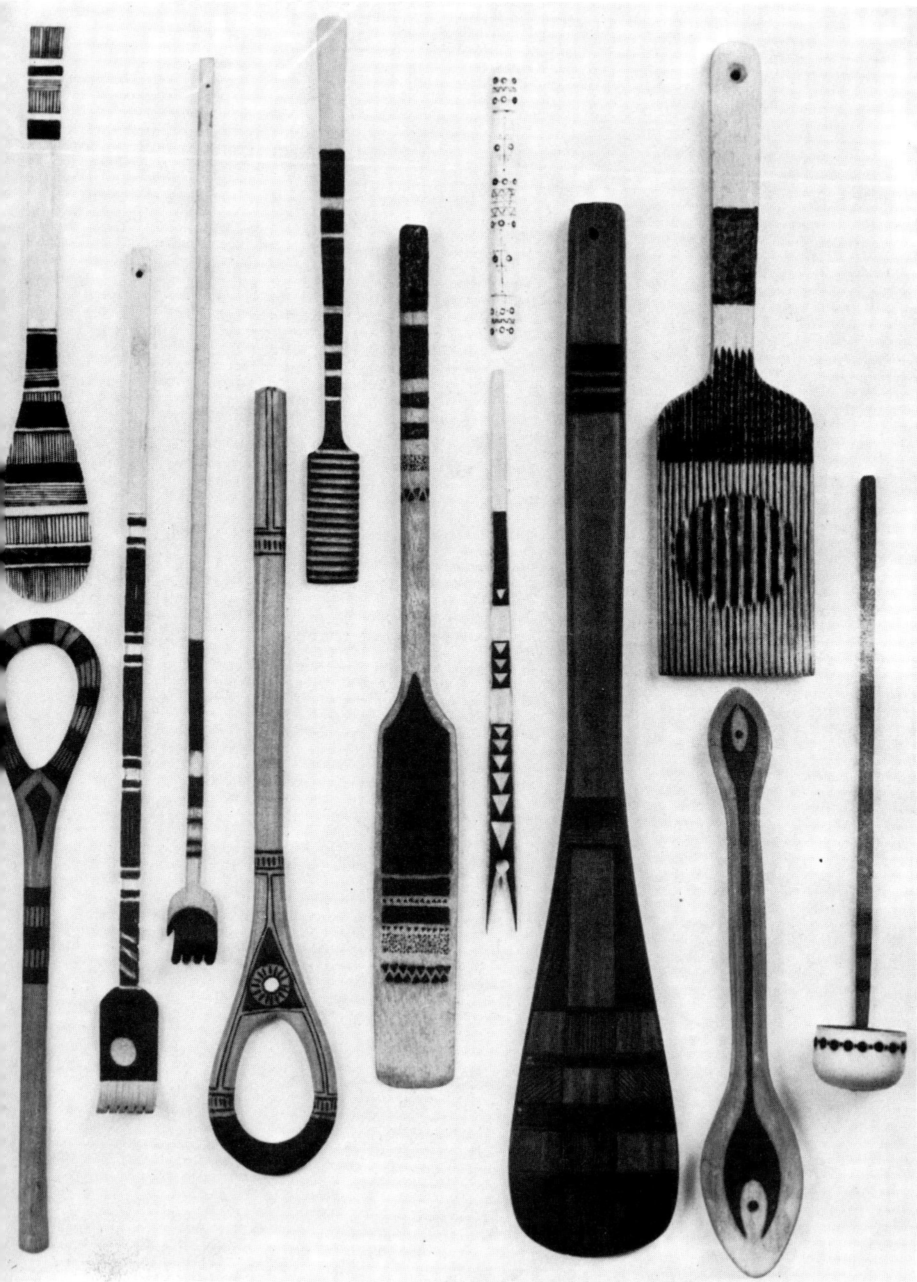

61. Accumulation d'objets.
De gauche à droite : battoirs à œufs portugais, spatule plate pour remuer les sauces, gratte-dos japonais, pique-cornichons, grosse spatule à confiture, planche à râper, cuillère double pour goûter la sauce (Portugal), louche à fruits. Au-dessus du pique-cornichons, notez l'existence d'un petit bâton d'ivoire pyrogravé : l'ivoire et l'os se pyrogravent très bien (décor précis et fin) avec des pointes très chaudes.

62 et 63.
Cuillères pyrogravées
et peintes à l'huile.

64. Trois oiseaux composés sur un triangle équilatéral.
La technique du point (valeurs optiques) permet de traduire le volume.

65 et 66. Gros plans de cuillerons de louches (Christian Ménard).

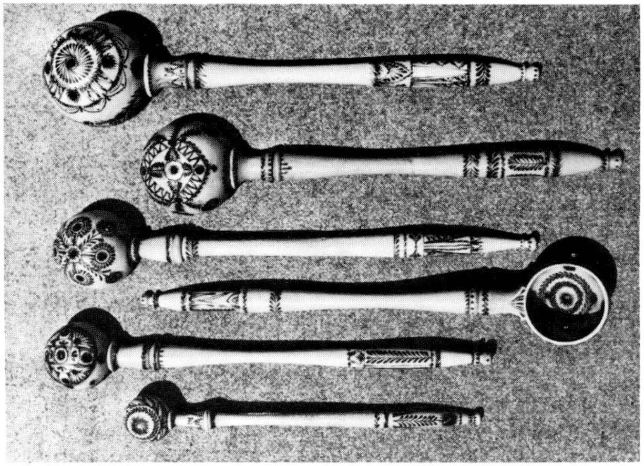

67 *(ci-contre)*.
Louches à olives.
Louches à câpres.
Louche à fruits.
(Ch. Ménard.)

68 *(ci-dessous)*.
Louche à olives (hêtre).
Louche à fruits non percée (buis).
(Ch. Ménard.)

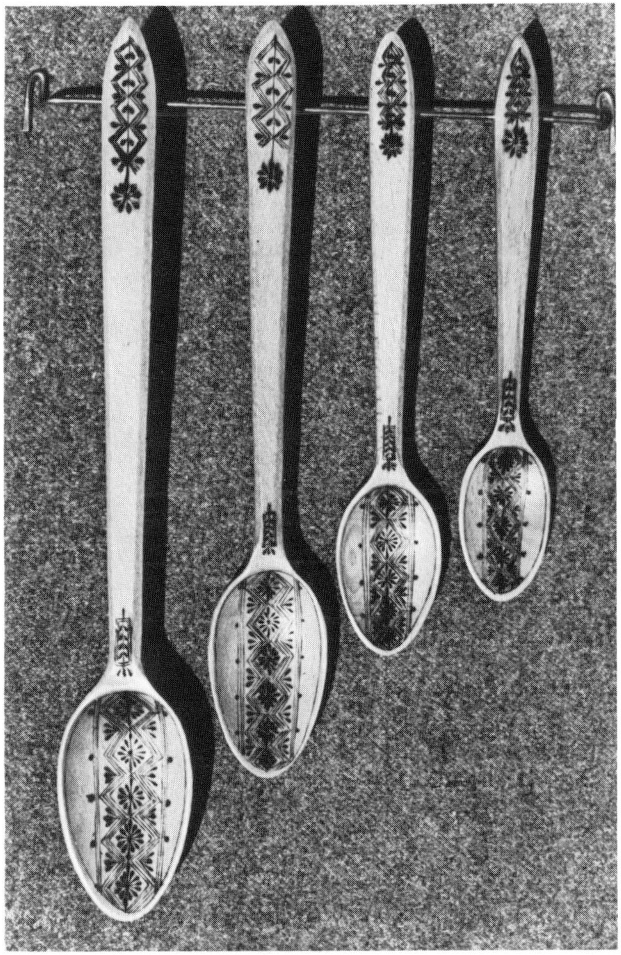

69. Ensemble de 4 cuillères à crochet. Long. : 25 cm, 27 cm, 33 cm, 39 cm. (Ch. Ménard.)

70. Lècheron (cuillère à beurre) en buis, long : 24 cm et spatule à manche renversé, long. : 20 cm. (Ch. Ménard.)

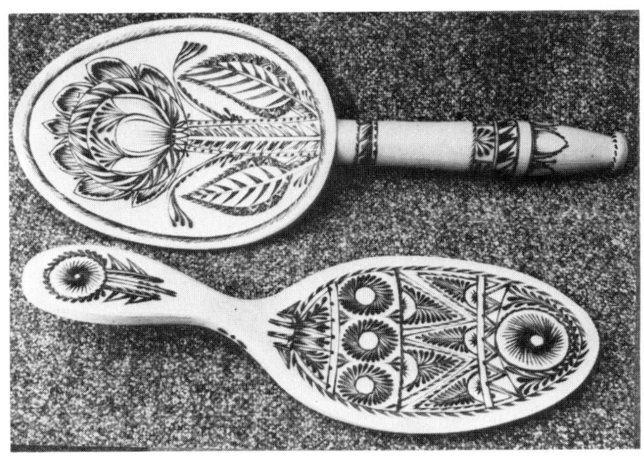

73 *(page ci-contre).*
Pilons pyrogravés et peints.

71. Battoirs régionaux.

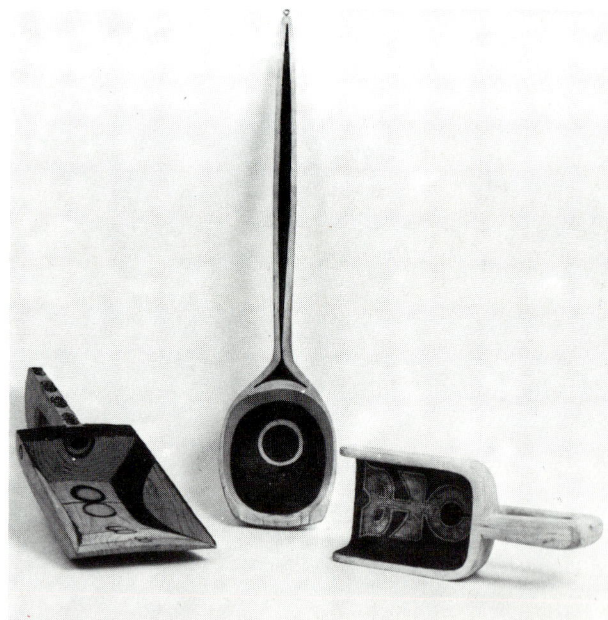

72.
Écope portugaise.
Louche norvégienne.
Pelle polonaise.

74 *(page ci-contre)*.
Recherches de différents décors géométriques sur des œufs en bois (anciens œufs à repriser les chaussettes).
Il est possible de les colorer et d'adapter des motifs figuratifs.

75

76, 77, 78. Œufs gigogne creux à vis (Ch. Ménard).

79. Différents décors sur coquetiers.
(Ces coquetiers peuvent parfois être pyrogravés à l'intérieur.)

80, 81. Pique-fleurs.
En partant de pieds de lits ou de pieds d'armoires, ou de volumes tournés, une découpe simple, quelques trous percés, un décor pyrogravé suffisent pour créer un pique-fleurs.
De la même façon, vous pourrez fabriquer des pique-olives, des pique-saucisses ou des pique-pinceaux. Pensez aussi à la fabrication d'animaux avec des volumes simples.

82

83 84

82. Deux coloquintes superposées et collées créent un personnage.

83 et 84 (*ci-dessus*). Calebasses, détails des fonds. Voir page 59.

85. Recherches de personnages en tenant compte de la forme de la coloquinte.

86 *(page ci-contre en haut)*. Petits récipients spéciaux pour la pyrogravure vendus dans les magasins de travaux manuels. Poivriers et chopes à bière pyrogravés.

87. Poivrières et salières (Ch. Ménard). ▶

S
P
P
P
P

88. Coulants de serviette en bois divers (J F en olivier), ronds de serviette (N, à remarquer la finesse du motif, et en bas à droite) en ivoire pyrogravé. Pensez à pyrograver des colliers en boules de buis.

89 *(page ci-contre).*
Calebasses pyrogravées et colorées avec des encres et des feutres (marqueur).

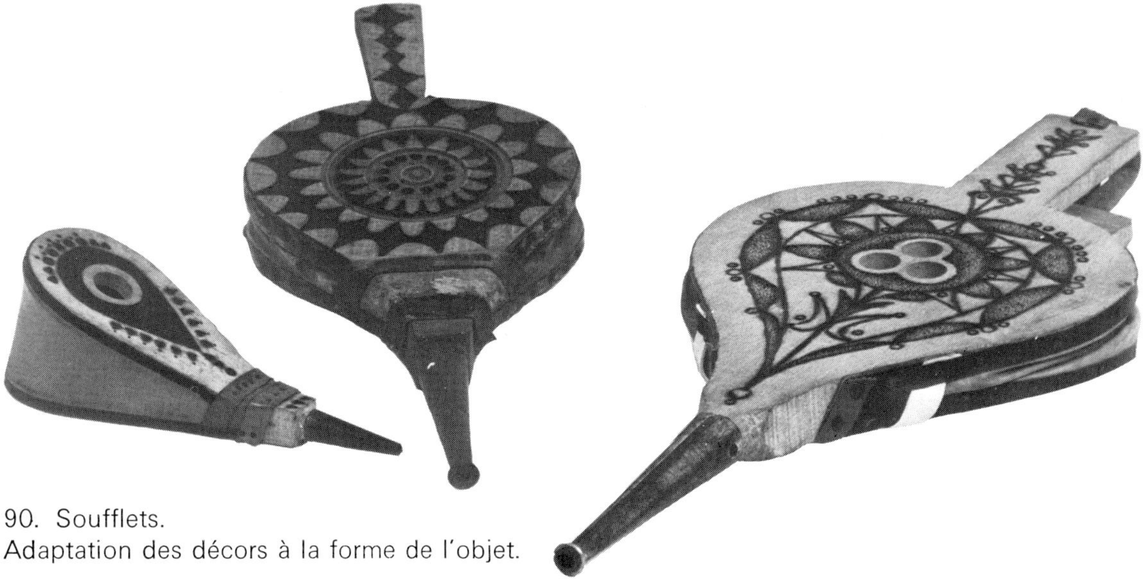

90. Soufflets.
Adaptation des décors à la forme de l'objet.

91. Sabots bressans avec décors folkloriques.

92. Moule à beurre, clochette de chèvre, collier de serrage pour le fromage.

93. Boîtes à sel anciennes et moulin à café.

94. Joug pour porteuse d'eau (Périgord). 0,80 m.

95. Joug de bœuf (Bresse). 1,68 m.

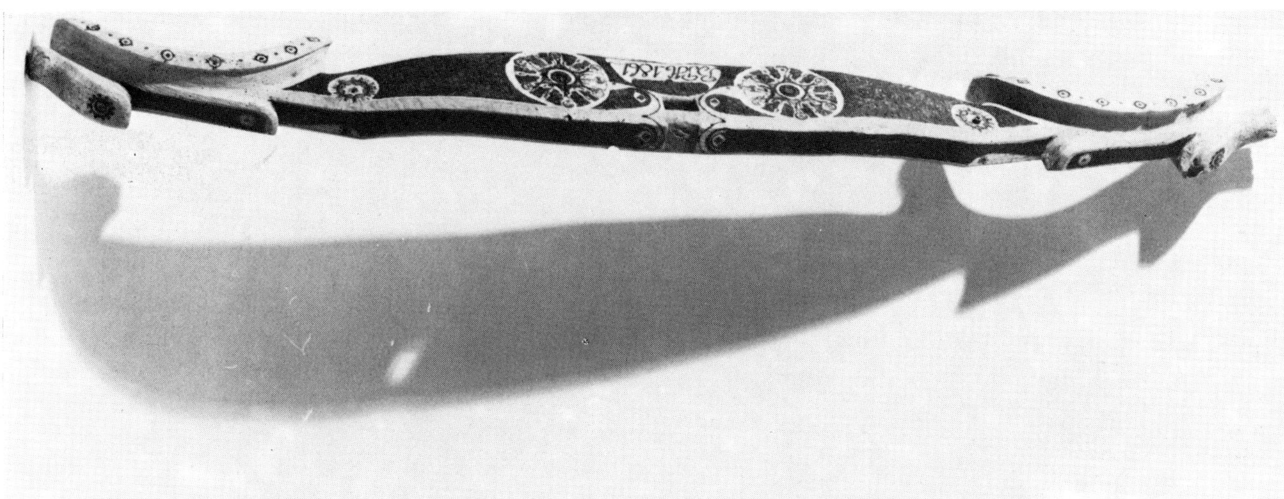

96. Porte-pierre pour pierres à aiguiser les faux.
Peinture à l'huile et pyrogravure (Érable et châtaignier).
Au centre, la patine a été enlevée autour du décor à la lame de rasoir.

97. Huche à pain et boîte à sel.

98 et 99. Recherches de formes de boîtes à sel, découpées à la scie sauteuse. Décors contemporains.
Au départ, les formes des boîtes étaient identiques ; la partie contre le mur était constituée par un grand rectangle (Bois de sapin).

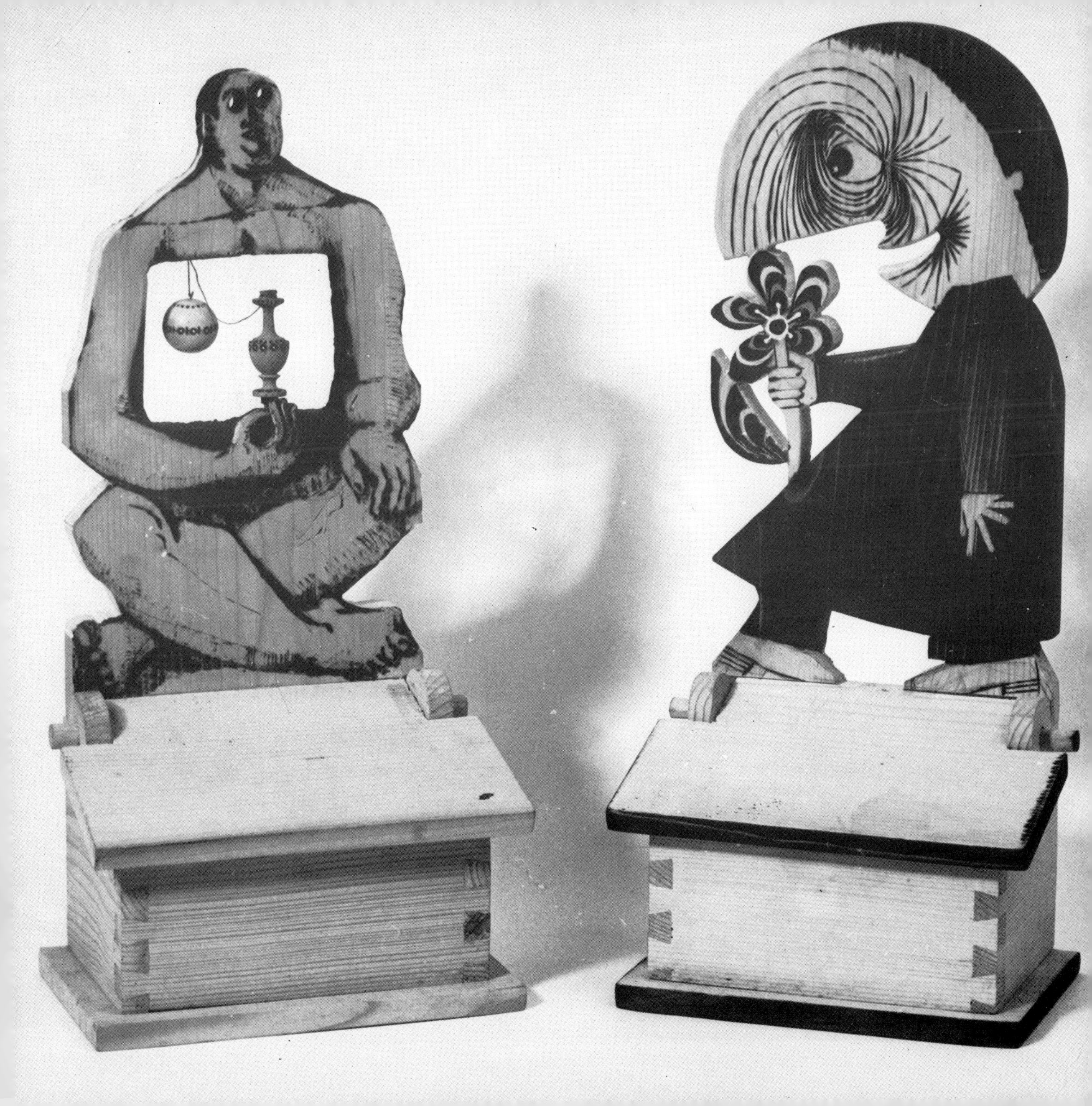

100. Chaise en paille pour enfant (hauteur 46 cm).

101. Chaise suisse (bernoise), hauteur 85 cm, et cuillère italienne.

102 et 103. Coffret en bois et bonbonnière boule. Diamètre 15 cm (Ch. Ménard).
Décor du cercle sur construction pentagonale.
Penser à la grandeur du motif à répéter sur un volume de révolution pour qu'il soit vu au moins une fois en entier. (L'idéal étant d'en voir au moins deux ou trois complètement.)

104. Boîtes en bois pour emballage de fromages, vendues couramment pour la pyrogravure scolaire (Bois de peuplier).

105. Coupelle et récipients divers.

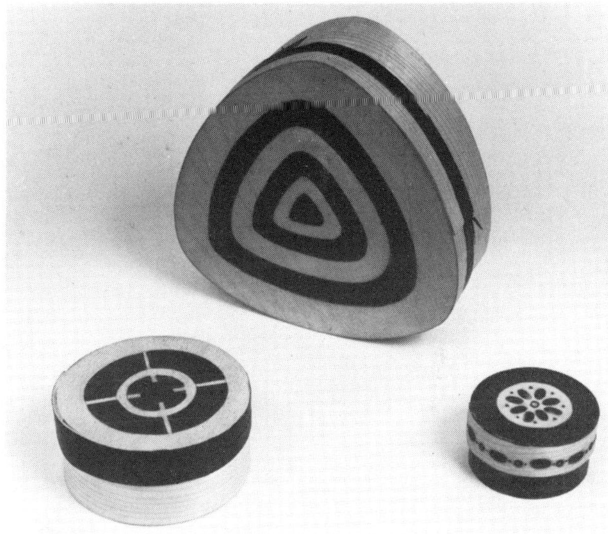

106. Recherche d'un personnage en partant d'un récipient vendu pour la pyrogravure scolaire (anse en rotin enlevée).
La tête est un cochonnet de pétanque pyrogravé.
Hauteur totale 12 cm.

107. Rouleau à pâtisserie coupé (corps du personnage).
Poignée de bois sciée en deux (bras du personnage), et bobine de tissage.
Coloration : brou de noix, feutre et peinture à l'huile.
Hauteur 30 cm.

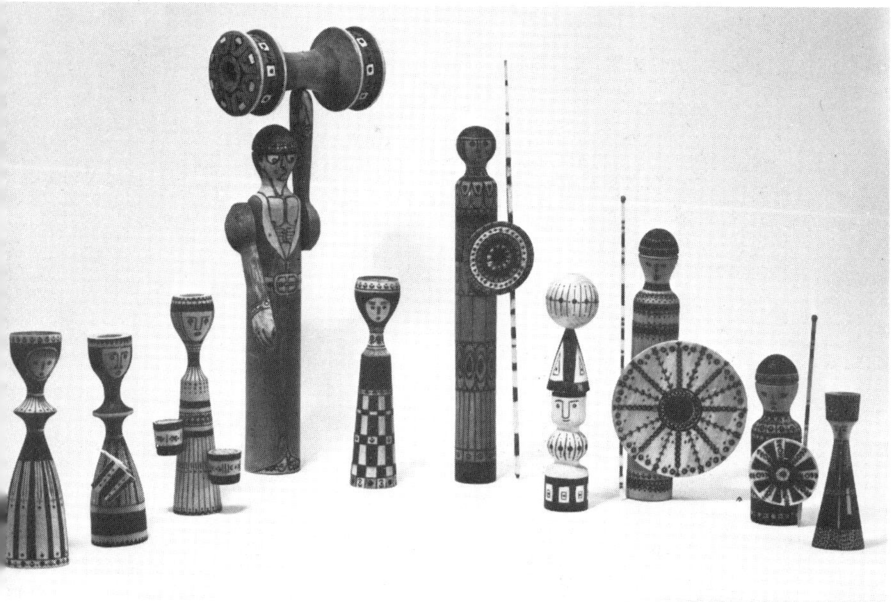

▶

110. Calebasses nègres (Côte-d'Ivoire), cornes pyrogravées, boomerang.

111. Instrument de musique nègre, flûte, sifflet, mandoline, flûte de Pan.

▲

108. Création de personnages en partant de quilles, de chandeliers, rouleaux à pâtisserie et d'objets tournés de toutes sortes. (Il existe dans le commerce des petits tours à bois entraînés par des moteurs de perceuses.)

109. Rouleaux à pâtisserie découpés, fonds de boîtes à fromage pyrogravés et grandes allumettes pyrogravées.

110

111

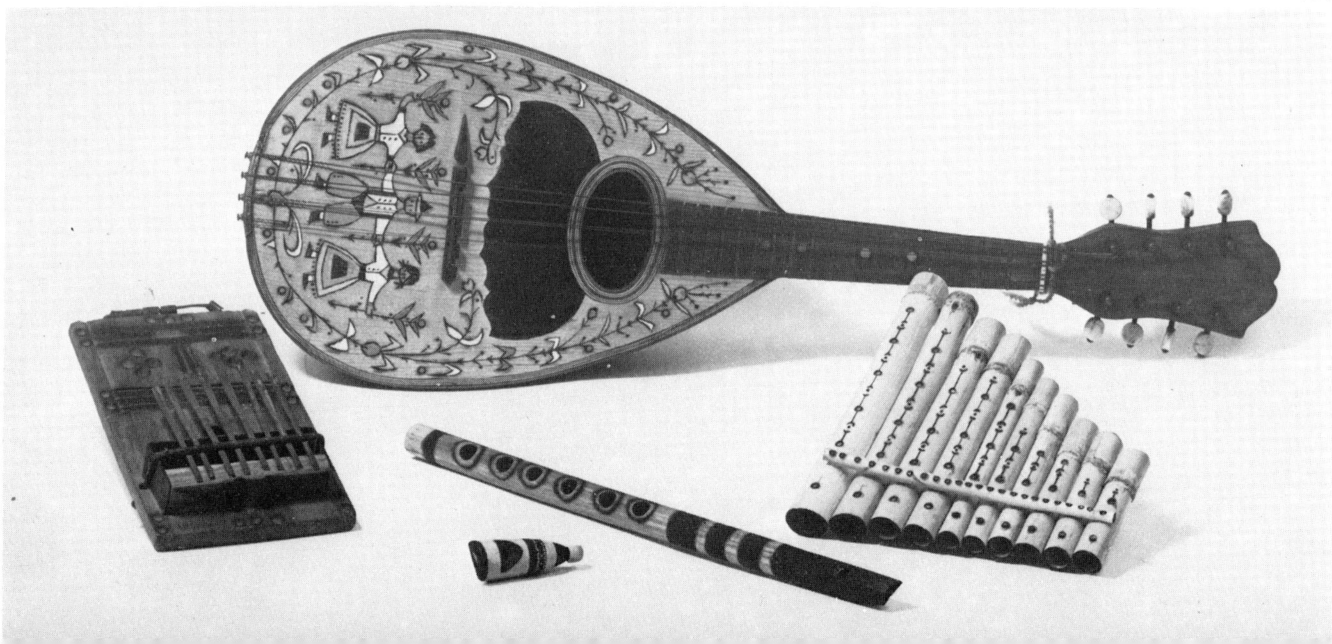

112. Gobelets à dés (cuir), toupie, jeu d'échecs. Pièces sciées dans des manches à balai.
Pensez à fabriquer d'autres jeux pyrogravés, tels que jeux de dames, jeux de l'oie, lexicon, mikado, etc.

113. Découpage dans du liège aggloméré (miroir). Ce travail est effectué à la pyroscie.
Collage d'émaux et peinture à l'huile.

114 et 115.
Ensemble et détail d'un théâtre de guignol pyrogravé et colorié aux crayons de cire.
Hauteur totale 2 m.

116 *(ci-dessus)*.
Chutes de bois, cubes et plots pyrogravés.
Décors d'étagères, réalisés par des enfants, au crayon de couleur et pyrogravure (Anne-Laure et Jérôme Robert).

117. Pyrogravure sur contre-plaqué, mine de plomb et feutre.
J.-F. Havez et Jean-Louis Batista.

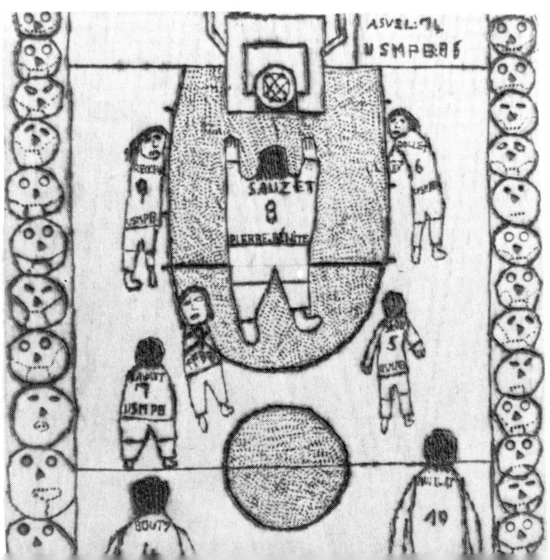

118. *Chasseurs sous-marins.*
Support en hêtre, bois très dur pour les enfants. J.-F. Havez.

119. *La mariée.*
Décor sur planche à dessin. Support très facile pour les enfants. J.-F. Varlet.

120. *Sauzet marquant un panier* (n° 8).
Travail sur contre-plaqué, support tendre et facile. Il est indispensable de choisir des bois très tendres pour que le travail des enfants soit plus aisé.

121

121. Travail avec la pointe universelle n° 21 et gouache sur planche à dessin.

122. Travail à la pointe n° 13 sur hêtre.

123. *La foule*. Travail avec la pointe universelle sur hêtre.
L'évidement irrégulier augmente la rusticité de la planche.

124. Pointe couteau T 20 sur hêtre. Arrangement de dessins d'enfants.

122

123

124

125. *Le Soleil Noir.*
Prédominance des pleins sur les vides (motif rayonnant).

126 et 127. Exercices de différentes pointes à rapprocher de la figure 31.

128. *Les Chevaliers de la Table Tournante.*
Inventaire des pointes à motifs existant dans le commerce.

129

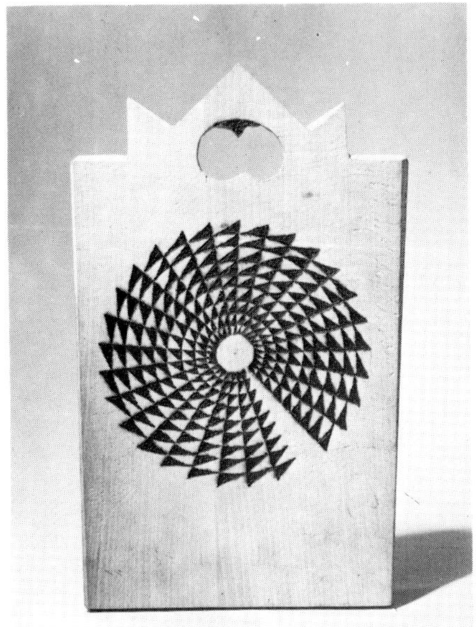

130

131

129. Symétrie sur deux axes (travail au calque).
Brunissage avec la pointe P 20.

130. Décor du cercle à la pointe courbe universelle n° 21.

131. *Le port.*
Recherche d'équilibre des noirs et des blancs.

▶

132. *La vague.*
Huile étendue à l'essence sur fond de vernis.
Dessin pyrogravé au trait (Françoise Devigne).

133. *Villages.*
Gouache plus médium acrylique.
Au centre : *le Moine,* coloration au vernis-cire.

132

133

134

135

134. Essai à la pointe couteau T 20 · sur planche ancienne.

135. Graminées en symétrie apparente. Travail à la pointe universelle.

137

136. Jeu de fonds, raccords sautés, avec effacement volontaire de motifs.

137. Animation de surface.

Coloration du bois

La couleur naturelle du bois, les sépias, les bruns, les noirs de la pyrogravure peuvent être mis en valeur par l'adjonction de couleurs. Les résultats sont souvent plus flatteurs, plus agréables.

Crayons de couleur, crayons de cire

A conseiller pour les enfants, marquent bien sur le bois naturel et créent des effets de matière intéressants avec les fils du bois.

Les teintures

Elles accentuent les nuances naturelles du bois sans en cacher les veines. Elles pénètrent plus ou moins dans le bois (1 à 3 mm).
Elles s'étalent et fusent quelquefois dans les parties tendres. Pour éviter cet inconvénient, faire des réserves à la cire chaude (cire d'abeilles + essence de térébenthine chauffée au bain-marie).

◄

138, 139, 140, 141.
Planches à pâtisserie pyrogravées et peintes.
Couleurs à l'huile diluées au pétrole, à l'essence et au médium siccatif mat. Bois clair hêtre. Bois foncé sipo.

Autrefois, les teintures étaient plus résistantes à la lumière. Elles se faisaient à partir de longues préparations à base de produits naturels (voir anciens ouvrages spécialisés et traités d'ébénisterie : chapitre Mordançage). Il existe actuellement dans le commerce des produits de remplacement pratiques :

- *Teintures pour bois* (produits de préservation et coloration du bois).
- *Le brou de noix* en grains ou en suspension dans de l'huile de lin.
- *Les encres de Chine pour papier* peuvent servir de colorants pour le bois (fig. 181). On peut les diluer à l'eau pour avoir des couleurs très claires (lavis), mais elles ont tendance à fuser et sont peu fixes à la lumière.
- *Les feutres marqueurs à l'alcool* conviennent très bien pour colorer le bois et surtout le cuir (fig. 232). Attention, certaines couleurs sont peu stables.
- *Les vernis cire ou teintes et cires* qui colorent tout en cirant l'objet (se renseigner en droguerie).

Les peintures

Elles dissimulent plus ou moins le fil et les nuances du bois.

- *La gouache :* sur bois, elle résiste mal au temps, surtout sur les objets utilitaires. On peut la protéger par du vernis mais les résultats sont souvent trop clinquants ; de préférence, rendre la gouache indélébile en la mélangeant à une émulsion acrylique incolore (Transcryl).

• *Les peintures vinyliques ou acryliques :* elles peuvent être lavées et appliquées à la rigueur sur des objets utilitaires. On peut peindre avec ces peintures en épaisseur, en relief, pour créer des effets de matière. On peut mélanger ces peintures avec du sable, de la pâte à papier, du marbre en éclats, etc. Ces produits sont en vente, prêts à l'emploi, dans le commerce.

• *Les peintures à l'huile :* très durables, lavables, fixes, prennent sur tous les supports; travaillées à l'huile de lin ou diluées aux médiums, elles sont d'aspect brillant.

La peinture à l'huile peut s'employer très diluée, mélangée à l'essence ou au pétrole; elle prend un aspect mat : c'est ce que l'on appelle les jus, qui laissent apparaître le bois. On peut l'employer en épaisseur, en laissant des coups de brosse ou en créant des reliefs pour faire des effets de matière. Sur le cuir, la peinture à l'huile forme des auréoles autour des surfaces peintes. Il est nécessaire alors de dégraisser les couleurs en utilisant un buvard comme palette. Dissoudre du gluten jusqu'à saturation dans de l'essence et utiliser cette solution pour le travail.

• *La peinture à l'œuf :* penser à la possibilité de mélanger fragmentairement dans un même travail la pyrogravure et la peinture à l'œuf.

Cette dernière technique, très complexe, ne pouvant être abordée ici, voir les ouvrages spécialisés.

Les vernis

Les vernis gras, l'émail-vitrail, les peintures auto sont d'aspect très brillant. Ils tiennent très bien sur le bois, résistent très bien au lavage, mais sont parfois clinquants. Il faut les employer avec modération.

Les dorures or ou argent

Il est parfois intéressant de combiner pyrogravure et dorure, en particulier pour le travail du cuir (voir les ouvrages spécialisés traitant de la dorure sur cuir).

Les acides

Certains acides colorent et attaquent très fortement les bois du jaune d'or au noir profond (voir chapitre « Les acides »).

FINITION ET PATINES

Le travail terminé, il est possible de recouvrir l'objet avec des produits qui, selon leur nature, vont protéger, créer une pellicule transparente, mate ou brillante, sur votre travail.

Employer les huiles d'olive ou de lin, les cires, les vernis cire, les vernis transparents, mats ou brillants (utiliser de préférence les produits de finition d'aspect mat, ils sont moins clinquants), les produits vitrifiants en bombes qui vont protéger vos objets de la poussière et du jaunissement...

Les patines sont utilisées pour nuancer, enrichir, vieillir, amplifier certains effets. Avec la gouache, le vinyle, l'acrylique, la peinture à l'huile, on peut peindre avec des effets de matière, en épaisseur, avec des coups de brosse. Pour accentuer ensuite ces effets, on passe :

— des encres de Chine pour papier;
— de la cire d'abeille chaude, mélangée avec des poudres pour peinture à l'huile (voir les préparations des antiquaires : patines des meubles);
— du cirage (voir *Soleil,* fig. 192);
— des jus de peinture acrylique ou vinylique;
— du vernis noir pour la gravure ou de l'émail-vitrail très dilué.

Ces patines vont dans les creux; pour faire ressortir les reliefs de ces effets de matière, poncer légèrement avec du papier de verre ou gratter avec une lame de rasoir à plat.

Il existe des produits d'empâtement vendus dans le commerce pour créer des effets de matière (voir les catalogues des fabricants).

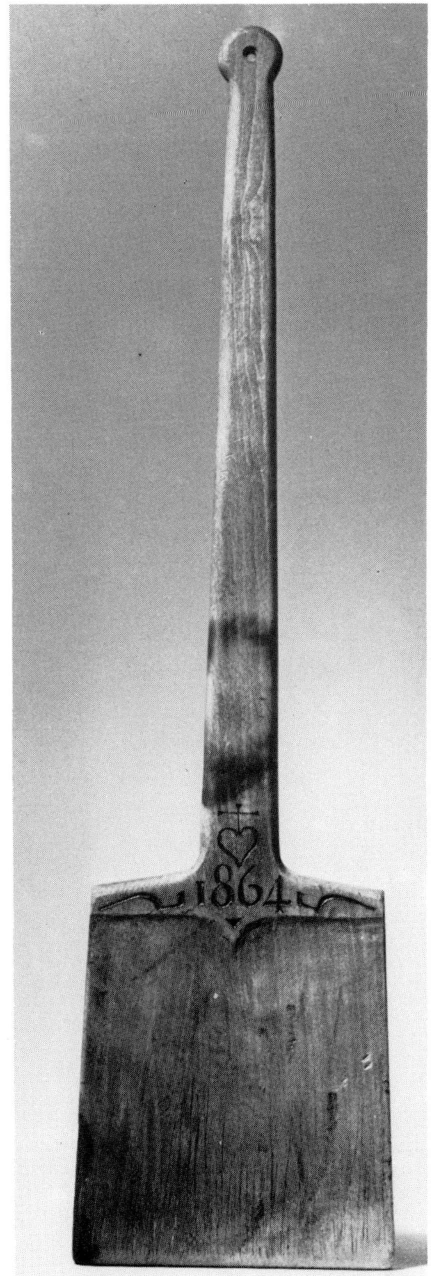

142 *(ci-contre)*. Petite pelle à défourner le pain, hauteur 82 cm.
Copie et recherche de patine, avec des encres de couleur et du brou de noix.
La planche a été travaillée au papier de verre et avec un débris de verre (rayures).
La date 1864 a été brûlée à la pointe n° 25 (pyrosculpture). Voir détail ci-dessus (fig. 143).

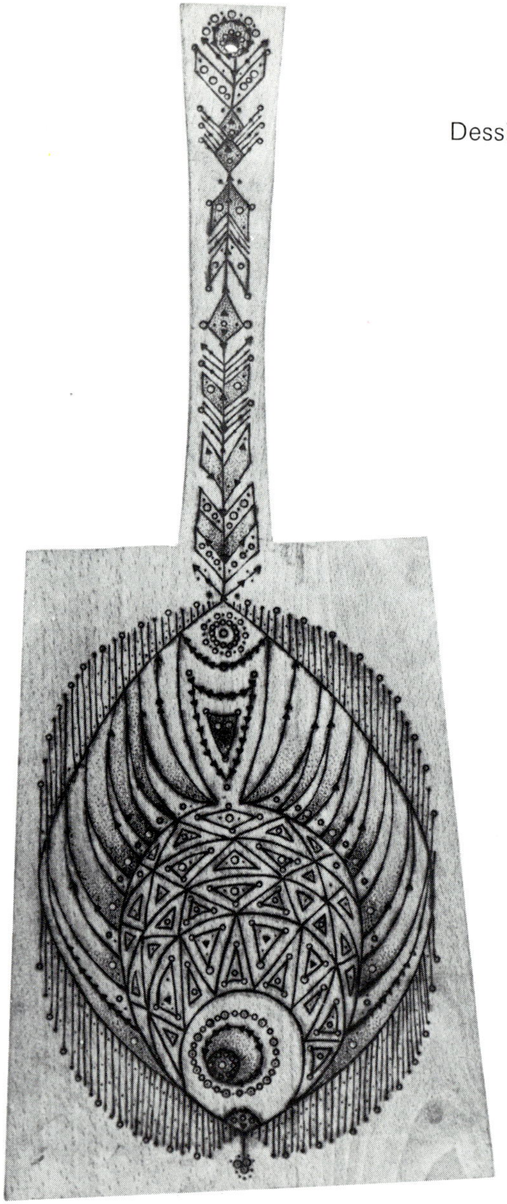

▶

146.
« Le petit jardin ».
Dessin au contour pyrogravé.
Peinture à l'huile mate.

144. *« Le fou endormi ».*
Valeurs optiques (travail aux points, pointe n° 22).

145. *« Poisson ananas ».*
Pointe n° 22, pointe C 23, pointe R 20.

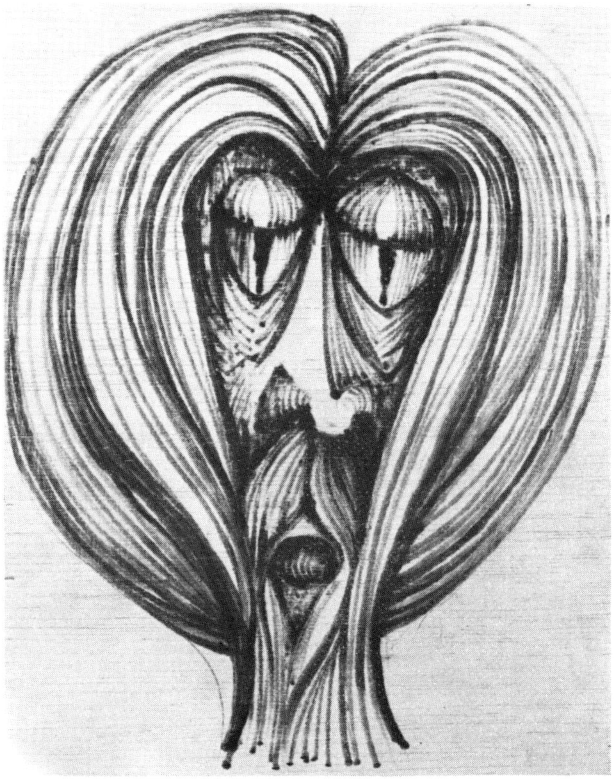

147

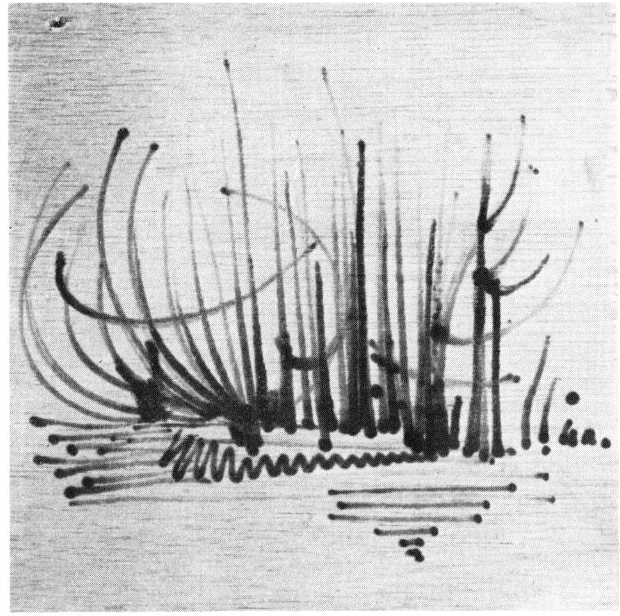

148

149

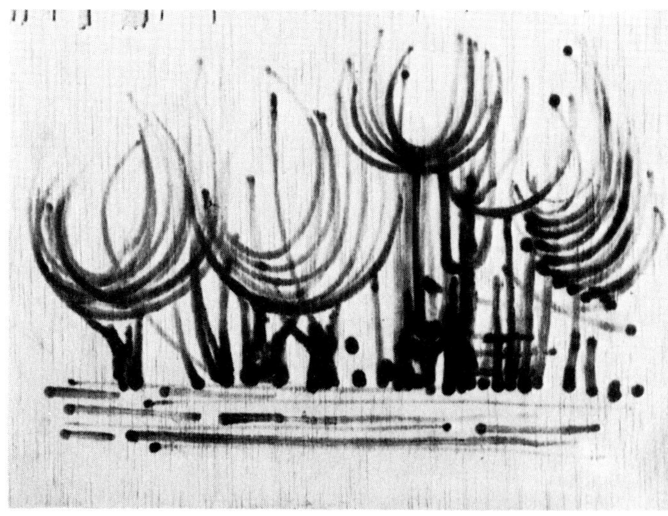

147. Recherche sur contre-plaqué avec la pointe à brunir P 20.

148 et 149. Essais gestuels à la pointe P 20.
La pointe à brunir P 20 très chauffée glisse parfaitement sur le contre-plaqué.

150. *« Métamor, phase molle ».*
Travail à la pointe T 20 rappelant la similigravure.
Réalisé par Alain Bourgeon.
Tilleul. Pointe universelle + couteau.

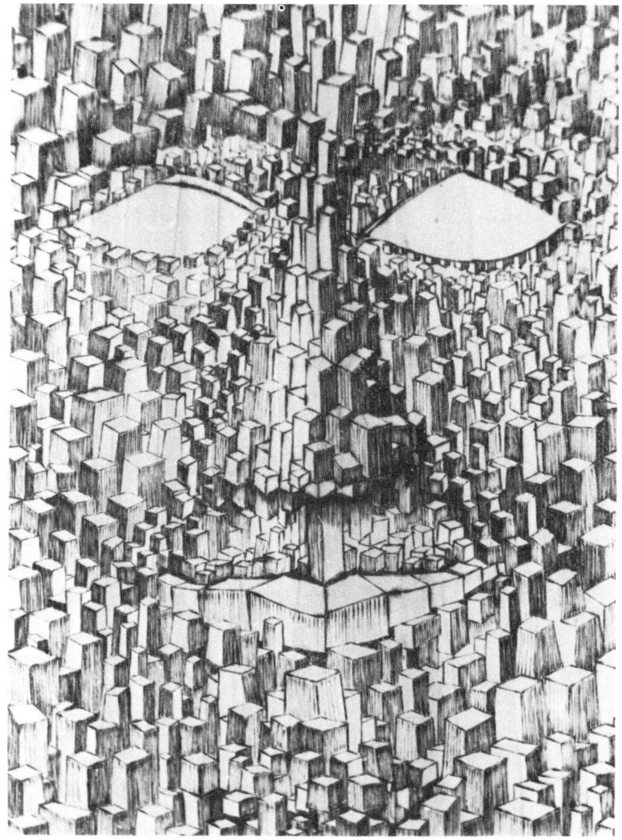

151. *« Sphinx? ».*
Accumulation de volumes créant un visage.
Travail à la pointe universelle sur tilleul 28 × 42 cm.
Réalisé par Alain Bourgeon.

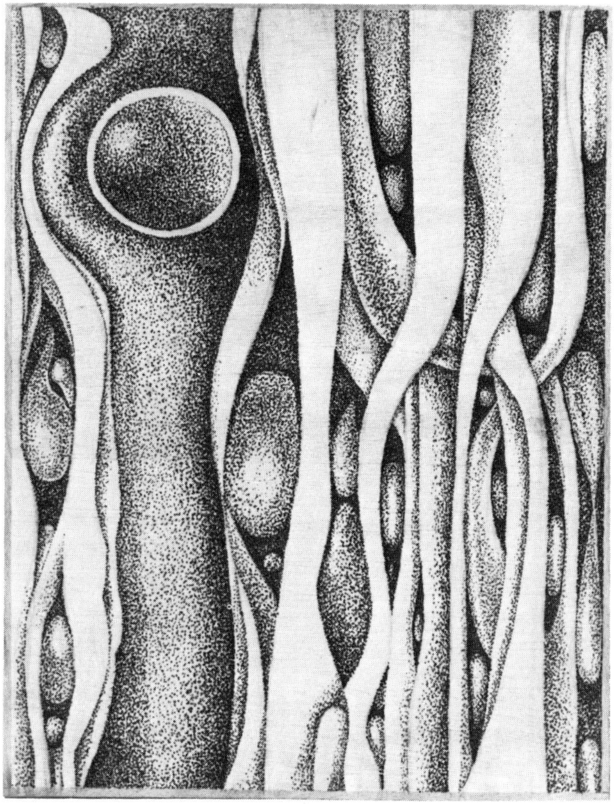

152. Traduction du volume par points à la pointe universelle n° 21 sur planche à dessin.

153. Pointe couteau sur planche à dessin (pointe T 20).

▶

154. *Le couple et la mort.*
Diamètre : 58 cm.
Opposition du réalisme et
de la transposition du dessin.
Gris visuels ; les blancs sont obtenus par grattage.
Travail sur hêtre à la pointe 22.

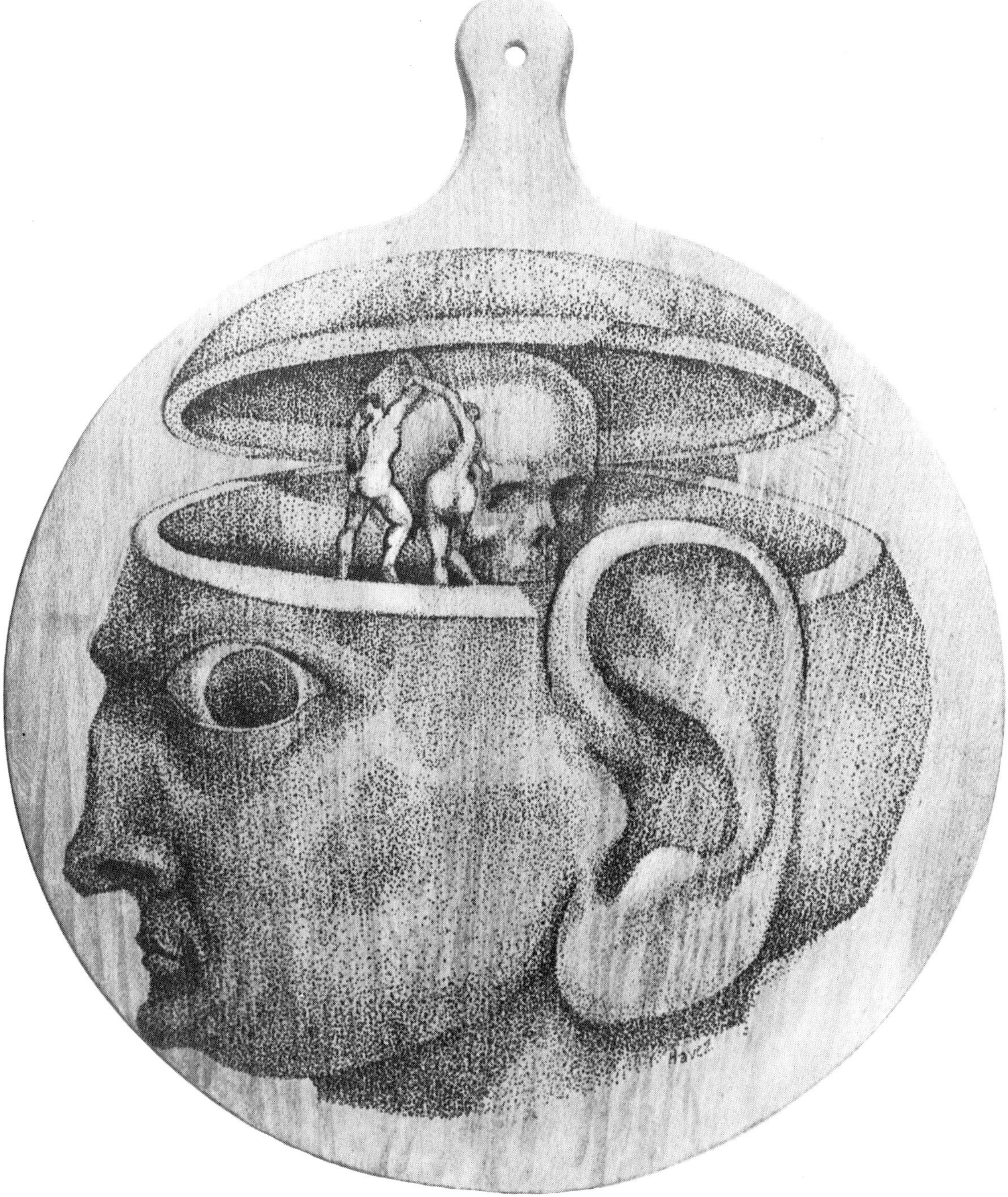

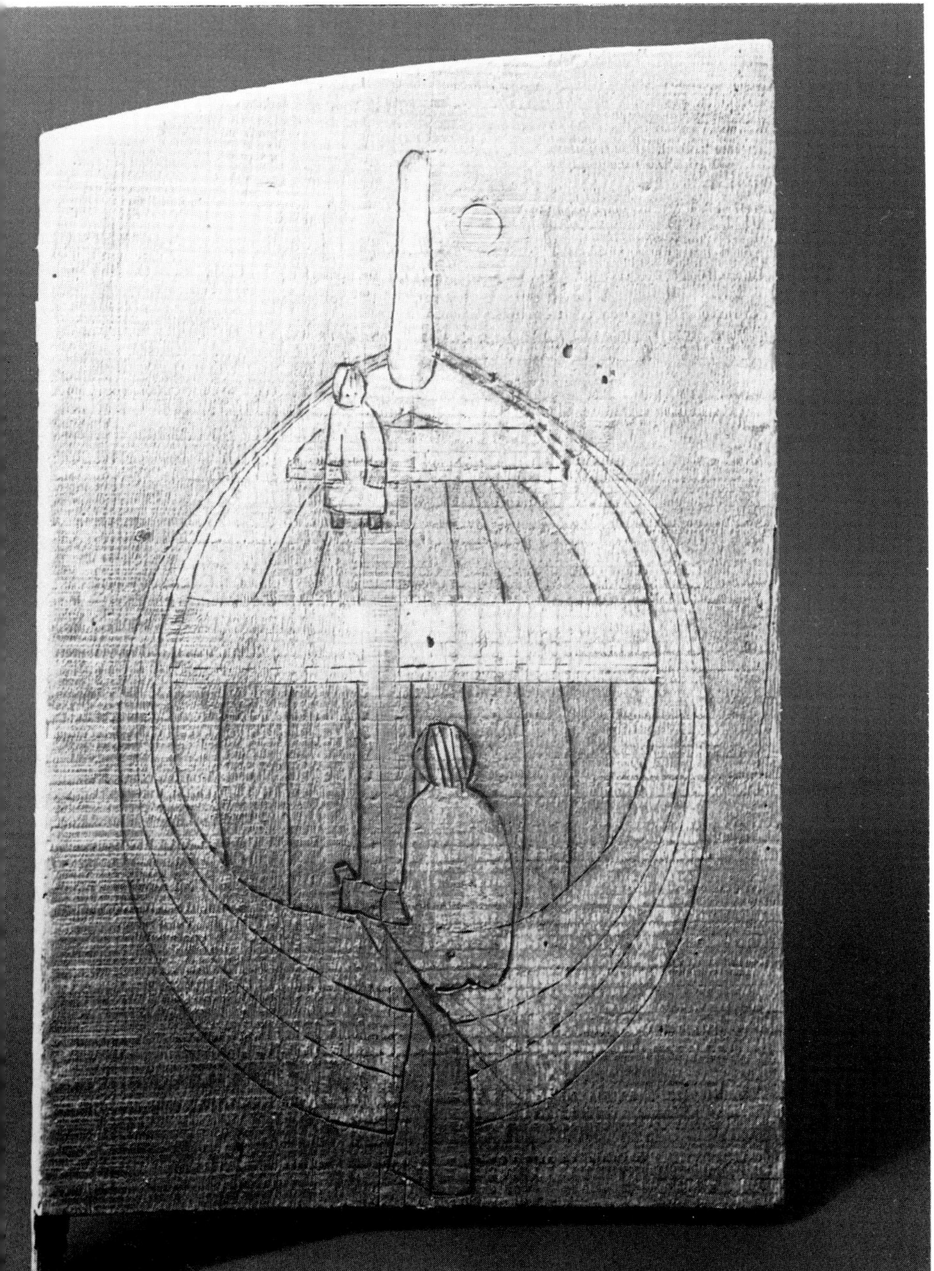

155. *« Voyage au bout de la nuit ».*
Planche de sapin non rabotée.
Travail à la pointe universelle et grattage à la lame.

156. *« Japon ».*
Planche usagée.
La pyrogravure subsiste et résiste à un usage quotidien, la patine obtenue donne un vieillissement intéressant au bois.

157

158

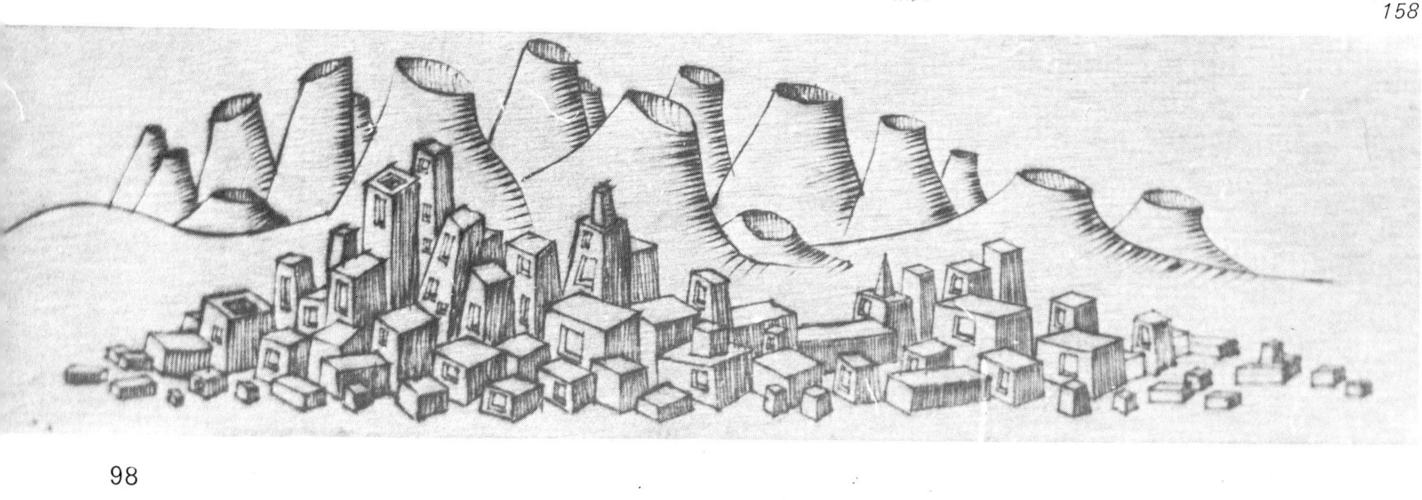

157. *« Ville à la dérive ».*
Tilleul 20 × 20 cm.
Pointe universelle + couteau + pointe à brunir + encres (fond sanguine).
Travail réalisé par A. Bourgeon.

158. *« Village aux cratères ».*
Contre-plaqué 8,5 × 31 cm.
Pointe universelle et couteau.
Travail réalisé par A. Bourgeon.

159. *« Désagrégation d'un monde ».*
Tilleul 15 × 30 cm.
Pointe universelle et couteau.
Travail rehaussé d'encres (boule et trou en rouge, ville verte). Réalisé par A. Bourgeon.

159

160. *« Village ».*
Traits à la pointe couteau.
Support : planche à dessin.

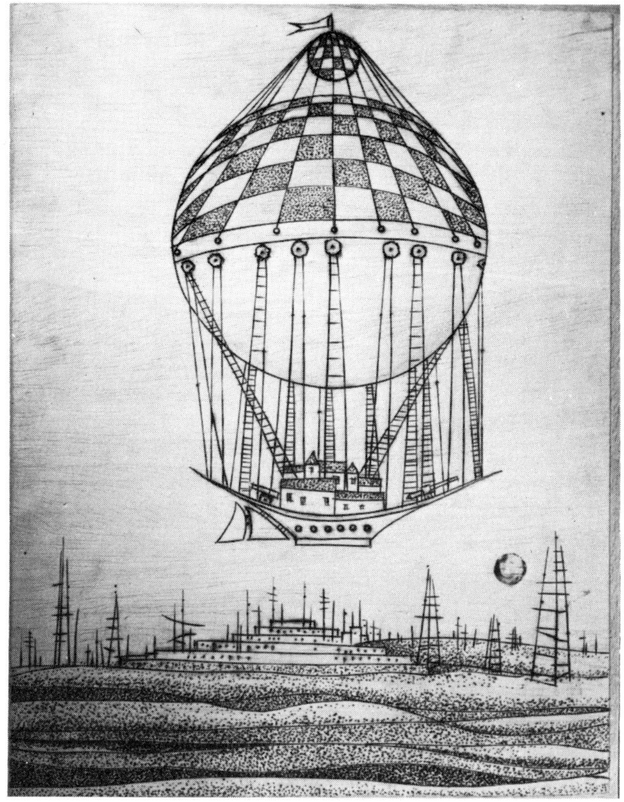

161. *« Voyage en ballon ».*
Traits à la pointe couteau.
Points à la pointe n° 22.

162. *« Pauvre hère ».*
Pointe universelle et pointe à brunir n° 24 sur planche à dessin.

163. *« Le cimeterre ».*
Travail aux traits à la pointe T 20, hachures à la pointe n° 23. Surface brunie à la pointe n° 21.

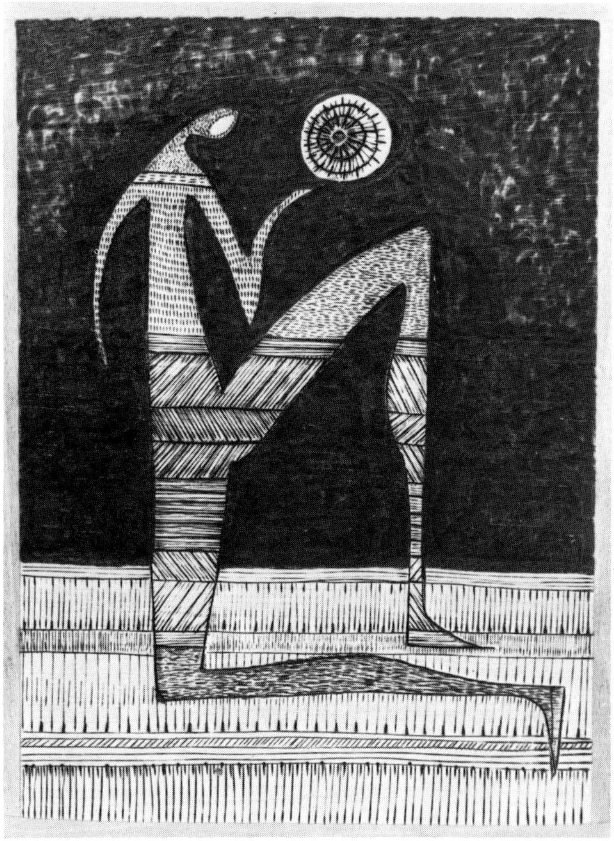

164. *« Joueur de lune ».*
Pointe couteau et pointe à brunir.

165. *« Boulier lunaire ».*
Pointe universelle. Pointe ronde C 23 et C 24. Pointe à brunir (le ciel). Fers poinçonnés (les grands cercles). Voir figure 182. Planche à dessin industriel pyrogravée.

▶

166.
« Fleurs-oiseaux-mouches ».
Travail effectué aux points avec dégradés à la pointe n° 22. Peinture à l'huile en harmonie froide avec dégradés inversés. (Hêtre.)

167. *« Bonnefis »*.
Travail aux traits, à la pointe T 20 sur une planche en hêtre. Bois peu veiné et dur, les hachures sont dans le sens du fil du bois.
La forme et le creux de la planche ont été travaillés à la dégauchisseuse.

168 *(page ci-contre)*.
Panneau-composition avec répertoire de motifs. Par Christian Ménard.

169. Étude documentaire : en partant d'un document, on agrandit au pantographe un dessin sur contre-plaqué, puis l'on fait une étude très poussée des valeurs (pointe universelle, pointe à brunir et papier de verre pour les dégradés).
On se servira de cette technique pour des recherches hyperréalistes.

170 *(page ci-contre).*
« Où commence, où finit le théâtre ? ».
Travail en similigravure.
Coloration aux encres et lavis de couleurs.
Travail au marqueur et grattage à la lame de rasoir pour obtenir des passages. Les maisons ont été recouvertes d'un jus bleu verdâtre (dominante colorée).

169

La pyroscie

On ne peut l'utiliser que sur l'appareil G 3 et G 4. Elle permet un découpage à chaud, simple ou compliqué (chantournage). Son fil voyage facilement lorsqu'il est rougi dans les bois tendres de très faible épaisseur.
La pyroscie découpe également les autres matériaux tels que le liège, le papier, le carton, le carton ondulé, la feutrine, le cuir, les thermoplastiques, le Plexiglas, le Rhodoïd, le Nylon, la mousse nylon, le polystyrène classique ou expansé. Ce dernier autorise un travail très rapide de découpes voulues ou improvisées, et très variées (voir fig. 222, 223, et 224).
N.B. Il faut prendre la précaution d'avoir pour certains matériaux fragiles le réducteur de tension en position chauffe moins (—).
Selon la nature du matériau, la découpe peut présenter un intérêt décoratif, car il y a formation de noircissement ou de bavure dans les épaisseurs découpées.
Il existe trois grosseurs de fils :
Fil de 32/100 pour le contre-plaqué.
Fil de 10/100 et de 20/100 pour le polystyrène expansé.
On peut séparer les brins d'un câble de vélo pour remplacer les fils spéciaux. On prendra du fil de diamètre mince, car il y a risque de griller le transformateur.

171. *« Arlequin »*. Hauteur 90 cm. Découpage à la pyroscie dans du contre-plaqué très mince.
La fabrication agrandie des pantins articulés permet des études de proportions et de mouvements du corps humain.
Placés au tableau, ils sont visibles par toute une classe et remplacent les petits pantins de papier.

172. Personnages en forme de cintre. Découpage à la pyroscie dans du contre-plaqué.

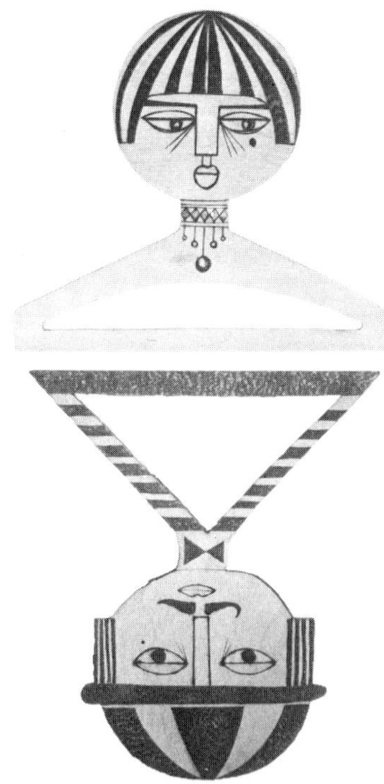

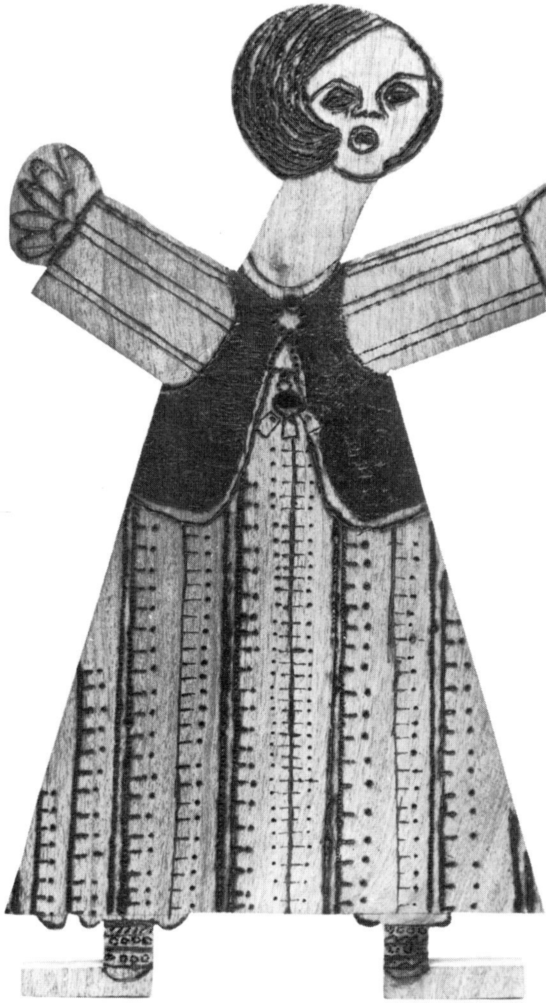

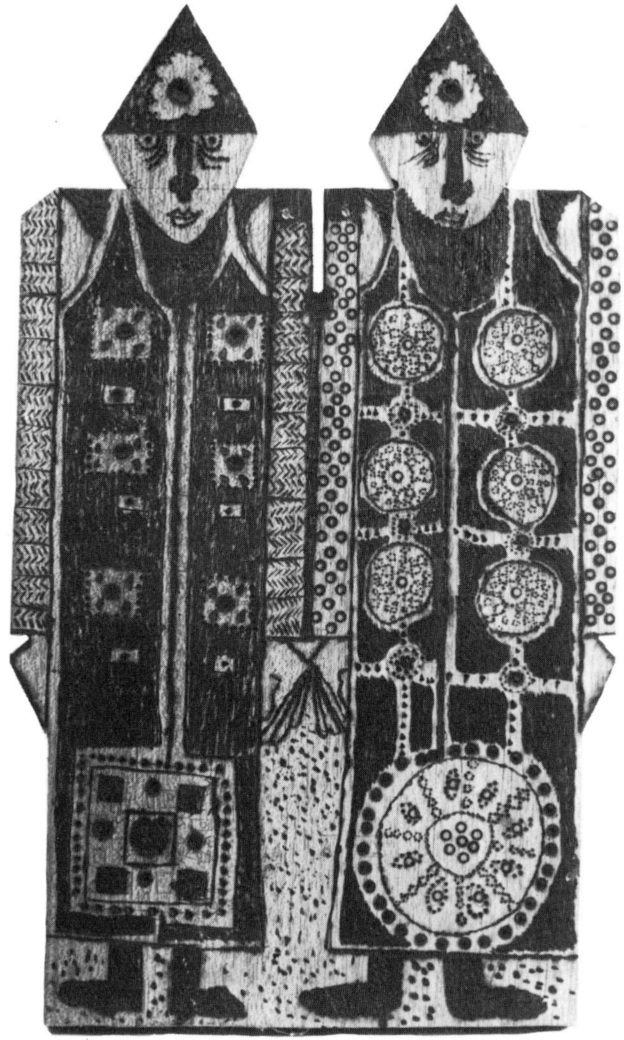

173 et 174. *« Marianne » et « Les soldats »*. Planches à suspendre. Découpage à la scie sauteuse dans du bois épais de 1,5 à 2 cm. Sipo.

175. *« Le lion ».*
Pointes n° 12 et B 11 : valeurs optiques, n° 11 : trait, B 14 : brunissage des fonds.

176 *(page ci-contre)*. *« Les chats ».*
Coloration avec de l'orangé (teinture de produit traitant, en vente dans le commerce, et de brou de noix. Planche en hêtre, hauteur 35 cm.
La forme extérieure de ces deux planches à suspendre (175, 176) est commandée par le dessin lui-même (voir aussi p. 109).
Il faut éviter pour ce genre de travail les découpes trop minces ; il faut tenir compte du sens du fil du bois (ici, sipo) et prévoir les points faibles.

177

178

177. *« La Bêtise, la Sucette et la Violence ».*
Hauteur 49 cm.
Traduction aux cernes d'un visage (pleins et déliés).

178. *« Moi et Moi ».*
Étude et exploitation du positif/négatif.

179

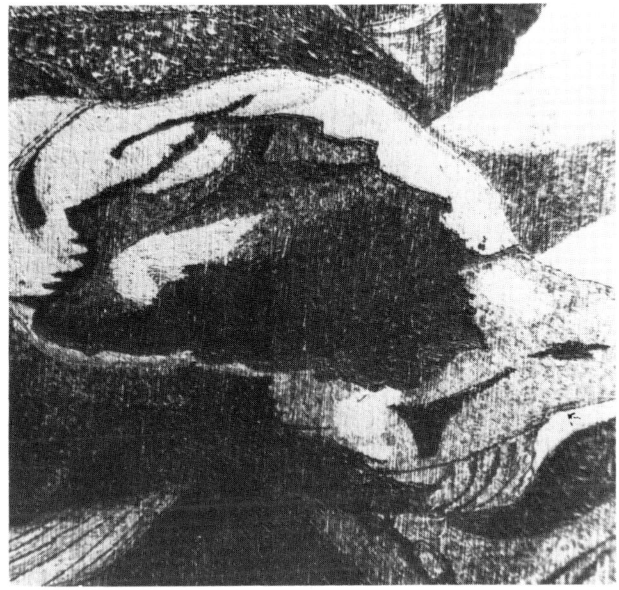

180

181

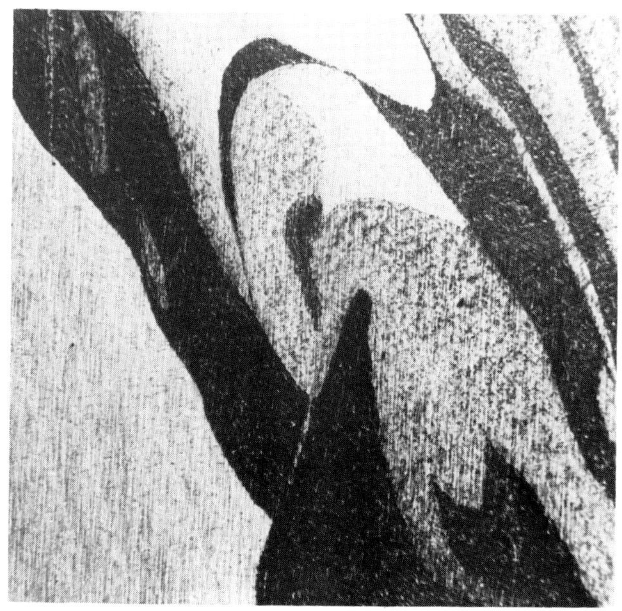

179. Fond noir buriné à la pointe universelle (animation des noirs bouchés).

180 et 181. Gros plans sur des études de valeurs en surface.
Pointe à brunir et pointe universelle sur contreplaqué.

182. Fabrication artisanale de matrices à manche ; poinçons pour le cuir (aux deux extrémités de la photo) ; outils de tonnelier pour marquer les fûts (deuxième en partant de la droite).
Les matrices à manche sont réalisées avec des tubes ou des profilés carrés (soudure à l'arc).

183. Décor du cercle : animation de surface avec opposition de cercles grands et petits (pointe n^{os} C 23 et C 24) et fers fabriqués (fig. 182).
Le brunissage du fond n'est pas une surface uniforme ; il est l'occasion de recherches de matière et de relief (voir fig. 179).

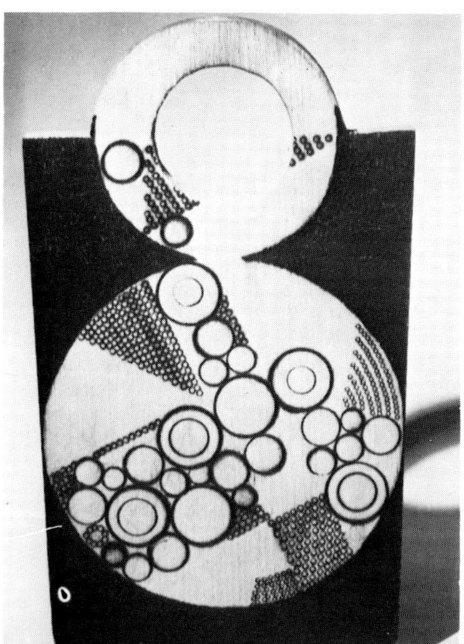

Les fers

Il est indispensable de posséder une gamme d'outils de formes qui diffèrent des pointes traditionnelles employées dans les écoles. Ils permettent de travailler plus rapidement et de créer des oppositions de grandeur.
Il est intéressant de fabriquer soi-même ces outils (voir fig. 182) et l'on peut très bien utiliser aussi des outils variés tels que tournevis, clés à pipe, poinçons divers, fers de marquage (animaux, imprimerie) que l'on rougit sur la flamme du gaz, dans du charbon de bois (voir fig. 3), au chalumeau, etc. Les fers que l'on fabrique soi-même peuvent présenter des formes figuratives (oiseaux, poissons, soleils, etc., en fer forgé) à l'exemple du papier roulé collé sur chant.

184 et 185. Planches anciennes brûlées avec des matrices de la figure 182.
Symétrie et animation de surface.

La pyrogravure au chalumeau

Le chalumeau donne une pyrogravure rapide, large, et permet de travailler en grande surface.

Il existe deux types de chalumeaux : le chalumeau industriel, dit oxyacétylénique, et le chalumeau moins puissant, alimenté avec du gaz butane en petite bouteille pour le camping. Les becs de ces chalumeaux sont interchangeables : on obtient facilement un graphisme au trait simple, au trait doublé, et des cercles suivant le bec qu'on utilise (voir fig. 188), en jouant avec l'éloignement et le rapprochement du chalumeau.

On peut également travailler au chalumeau par caches : si on pose des formes métalliques sur du bois (caches) et que l'on brûle le fond au chalumeau, on obtient des motifs négatifs dits « en réserve ». Il est possible de se fabriquer des caches en métal avec des formes variées (figuratives ou non), résistant aux chauffes successives et plaquant bien sur le support.

Dans l'industrie, les fonds de sièges en contreplaqué sont parfois brûlés avec ce procédé (caches négatifs). Notez la possibilité de créer des motifs positifs en posant à l'aide de pinces des pièces métalliques chauffées très fortement.

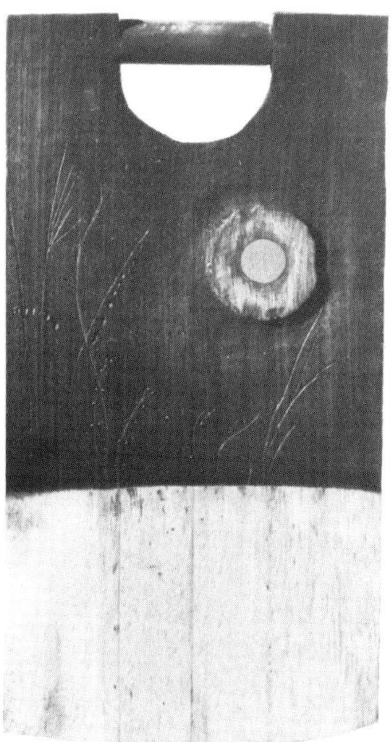

186. Brûlure prolongée au chalumeau avec un disque de métal servant de cache pour la lune.
Le graphisme des plantes a été repris à la gouge après brossage du fond noirci au chalumeau.

187. Création de matières, de creux, de reliefs, par brûlure au chalumeau et caches métalliques (voir détail fig. 2).

188. Essai au chalumeau avec gaz butane et bec large, cylindrique.

189. Travail direct sans cache au chalumeau oxyacétylénique, bec fin (hauteur de la planche 38 cm).

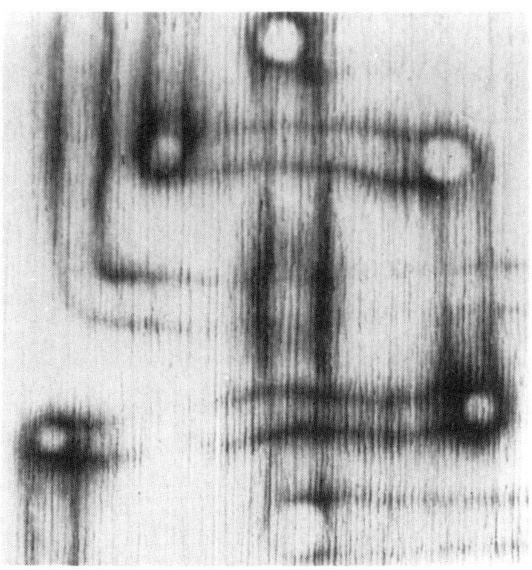
188

189

190

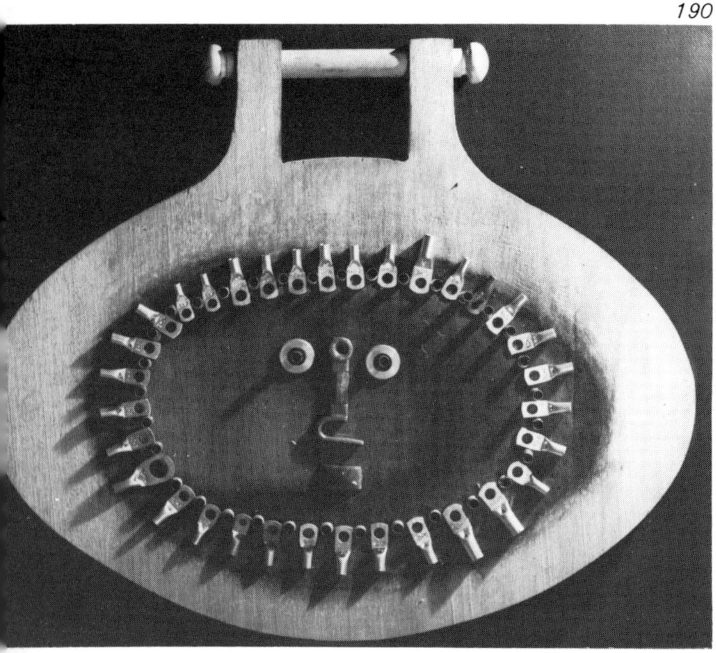

190. Collage d'éléments métalliques (cosses électriques, douilles de balles de carabine, crochets, rondelles) sur fond brûlé au chalumeau.
Il est important d'éliminer le résidu de bois calciné à la brosse métallique avant le collage.

191. *Soleil*, diamètre 57 cm.
Dessin au chalumeau oxyacétylénique avec le bec le plus fin.
Si le sfumato est trop important autour des traits, passez la planche à la dégauchisseuse pour obtenir un trait plus net (éviter le papier de verre qui s'encrasse trop vite avec le noir de fumée).

193

192. Réalisation en couleurs de la composition précédente, avec peinture vynilique passée en épaisseur et patinée au cirage.

193. Fond brûlé en cercle au chalumeau, peinture à l'huile.
Décoloration du sipo à l'eau de Javel pure (la couleur naturelle rouge du sipo est encore visible au centre, deuxième anneau). Poignée métallique.

194. Travail à la loupe (sous le soleil) sur vieille planche.
Le travail à la loupe réclame en général un bon contrôle de la main.

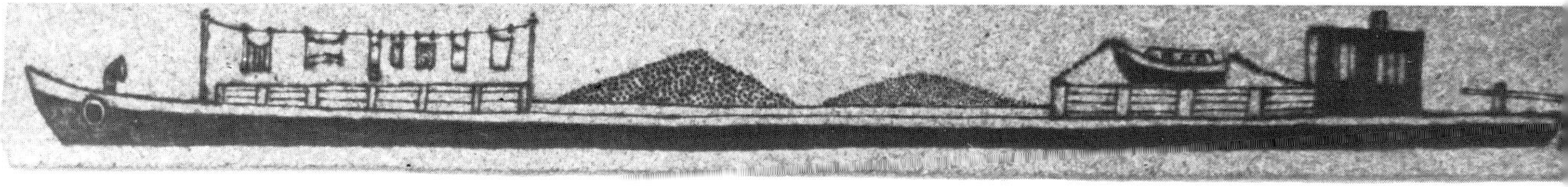

195

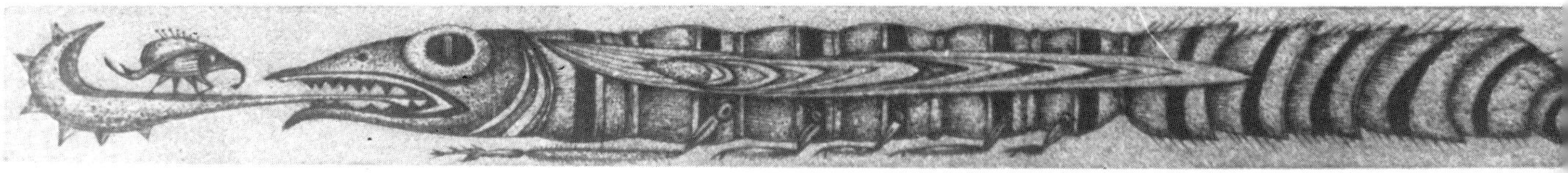

196

195, 196. *« La péniche »* et *« Le poisson-insecte »*. Travail sur Novopan. C'est un support idéal pour la pyrogravure en hachures (précision, finesse et facilité).

197. *« Le saumon fumé »*, par Maurice Garnier. Travail au chalumeau branché sur bouteille de camping (brûlure du fond et cercles). Contours ciselés à la pointe 21. Gravure en creux au canif japonais et avec des gouges pour gravure sur bois. Comme pour la figure 199, pensez à utiliser les vieilles chutes de bois, les vieilles planches, les rondins, etc.

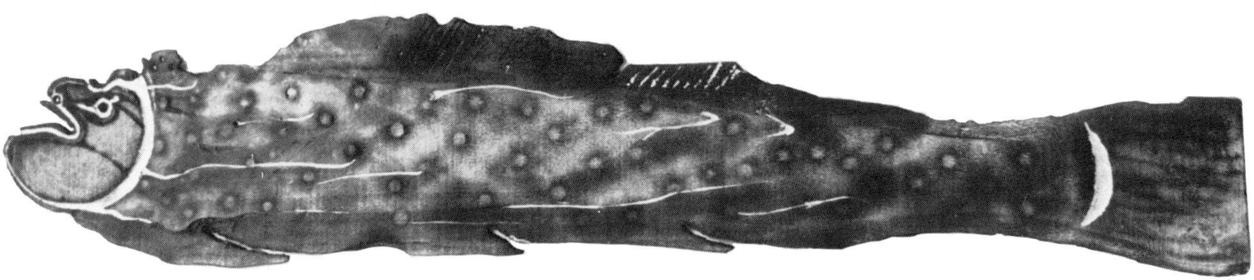

198. *« Le Labyrinthe ».*
Gravure en creux exécutée avec une petite défonceuse portative (machine-outil de menuisier).
Les creux ont été bouchés avec du plâtre gravé. La pyrogravure a été exécutée à la pointe 21 et à la pointe C 23.

199. Travail en creux identique sur vieille planche. Les motifs ont été estampés avec des pointes fabriquées que l'on peut adapter dans un fer à souder électrique (voir fig. 40, ligne du bas). Tilleul.

200 et 201.
Le travail au chalumeau sur métal (ici du cuivre) donne des possibilités très variées de coloration et de décoloration.
Notez la possibilité de chauffer localement avec ou sans cache ; de déplacer le chalumeau de façon gestuelle ; d'incorporer aux brûlures de l'étain, d'ajouter de l'acide, de graver et de repousser le métal, etc.

203-204

Cherchez, au cours de vos promenades, des branches et des bois flottants dont on peut tirer un parti décoratif intéressant (possibilités à grande échelle de créer des totems de jardin avec pyrogravure au chalumeau).

202. Branches d'arbre : animaux fantastiques (renne, cerf). Hauteur 40 cm.

203, 204. Bois flotté, cheval de cirque (recto/verso). Hauteur 26 cm.

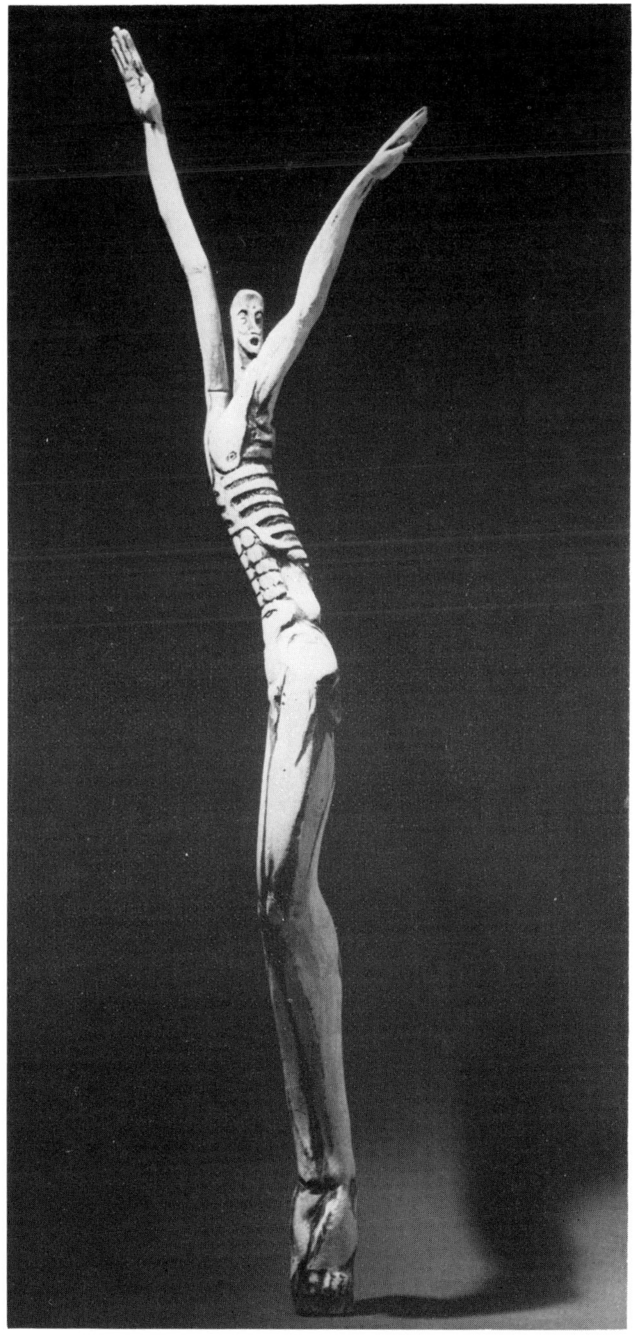

205. *« Danseur »*.
Bois flotté retouché et resculpté à la râpe
Hauteur : 88 cm.

206

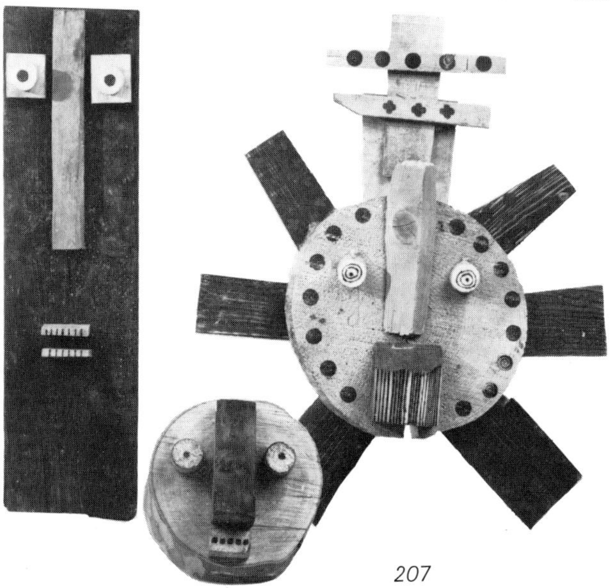

207

206. *« La chorale des vieux amis ».*
Manches à balai de différents diamètres coupés à 45° dans une boîte à onglet (hauteur 30 cm).

207. *Masques.*
Exploitation de déchets de bois (bois d'allumage, vieilles planches, rondins, etc.) collés, pyrogravés au chalumeau, estampés au fer, incisés à la pointe universelle.

208. *« Le roi et l'ogre ».* ▶
Opposition de couleurs naturelles des bois et pyrogravure. Hauteur 90 cm.

209. Il est intéressant de jouer avec les matières et les accidents naturels des bois (ici, galerie d'insectes).

210. *« Les hommes de bois ».*
Les fourches varient dans leur écartement selon la nature de l'arbre. Les bras peuvent ainsi être dirigés vers le bas (retourner la fourche).

Le liège

Les bouchons, les plaques de liège en feuilles décoratives, en briques agglomérées, etc. sont un matériau tendre, très facile à pyrograver (précision et rapidité) avec tous les instruments cités dans ce livre.

Le découpage du liège se fait à la pyroscie, à la lame, au couteau. Le collage s'effectue avec toutes les colles classiques en tubes et toutes les colles pour le bois. Jouez avec les différentes couleurs du matériau brut : rose, gris, blanc, beige...
Applications possibles : teinture du liège et création d'objets, de personnages, d'animaux, de sculptures flottantes, de dessous-de-plat par assemblage de bouchons (fig. 211), de panneaux muraux ; on peut incorporer au liège du métal, de l'émail, du plastique, de l'émail-vitrail, de la peinture, etc.

211. Différents types de bouchons et de liège pyrogravés.

212 et 213 *(page ci-contre)*. Personnages réalisés avec des bouchons découpés et pyrogravés.

212

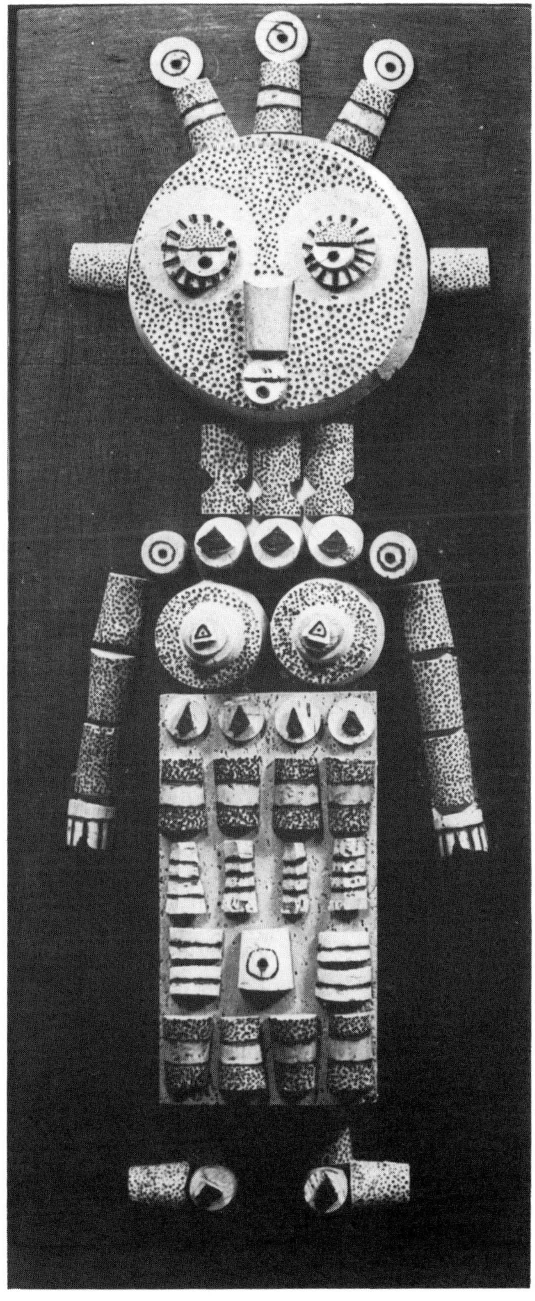

213

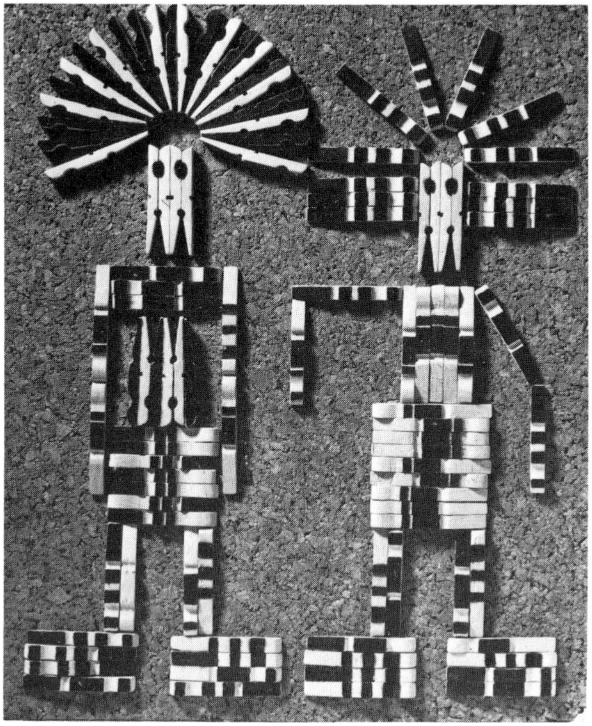

214

215

214. Collage d'épingles en bois pyrogravés sur fond de liège aggloméré. Dimensions : 40 × 50 cm. Autre thème possible : oiseaux, poissons, animation de surface, décor de miroirs, etc.

215. Bouchons pyrogravés en surface à la pointe P 20 (dimensions : 80 × 55 cm).

216. Marmite en liège « Tarro », Alentejo (Portugal), diamètre 25 cm, utilisée par les paysans portugais pour maintenir à bonne température les aliments et les boissons.

217. *« Chasseurs esquimaux ».*
Plaques de liège, morceaux de bouchons pyrogravés et fusains.
Barque : bois pyrogravé. Longueur 30 cm.

218. Travail de prisonnier effectué dans une prison marseillaise : collage de pailles naturelles et de pailles brûlées (détail d'un grand panneau).

219. Travail du polystyrène expansé à la pyroscie.

220 et 221. Bas-reliefs. Collage de formes découpées à la pyroscie dans du polystyrène expansé (colle à bois).

Le polystyrène expansé

C'est un matériau blanc, très léger qui se découpe parfaitement à la pyroscie. Il peut en outre se travailler à chaud avec toutes les pointes de l'appareil à pyrograver (même avec une cigarette allumée). Le travail est très rapide, agréable et le matériau autorise des découpes voulues ou improvisées. Il se colle avec de la colle vinylique ou colle à bois. Il permet de réaliser des sculptures dans des plaques épaisses.

Il existe des gouges à sculpter spéciales pour polystyrène expansé, qui s'adaptent sur l'appareil à pyrograver (n° 20 et n° S 32), permettant la gravure sur ce matériau.

Dans des blocs très épais de polystyrène expansé, on peut faire des recherches de sculptures en ronde bosse à la pyroscie, et avec tous les outils de la pyrogravure ; la lumière joue ainsi sur les découpes. Ces recherches font alors penser à la technique de la terre à modeler : la mirette est remplacée par la gouge à sculpter le polystyrène, et le fil à couper la terre par la pyroscie.

Pensez également à imprimer sur papier ou autres supports des formes découpées dans du polystyrène.

N.B. Il est très important d'éviter la flamme vive avec ce matériau très combustible.

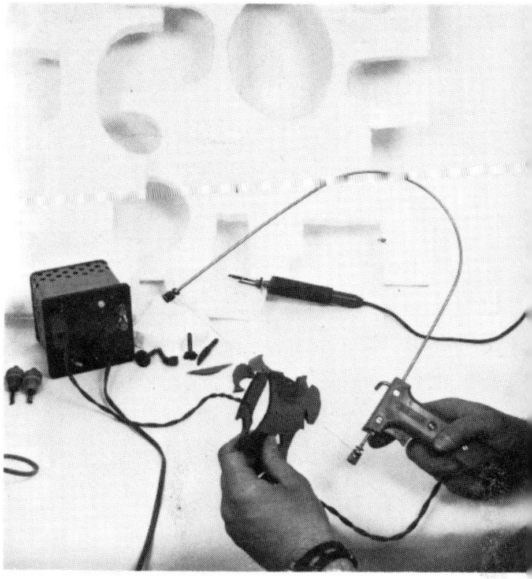

219

220

221

222

222. Recherche tridimensionnelle d'une sculpture découpée à la pyroscie. (Polystyrène expansé de 2 cm d'épaisseur; hauteur 60 cm).

223. Têtes sculptées dans du polystyrène expansé plus épais (10 cm).
La lumière joue sur la tranche de la découpe. Pour percer un trou dans du polystyrène expansé (ici, les yeux des personnages), il faut passer le fil de la pyroscie dans une ouverture réalisée au tournevis dans l'épaisseur de la plaque, puis fixer ce fil à l'appareil. Faites ensuite chauffer le fil (appuyez sur la gâchette) et agrandissez l'orifice.

224. Même procédé dans de la mousse synthétique (mousse pour coussin) et du polyéthylène, notamment.

223

224

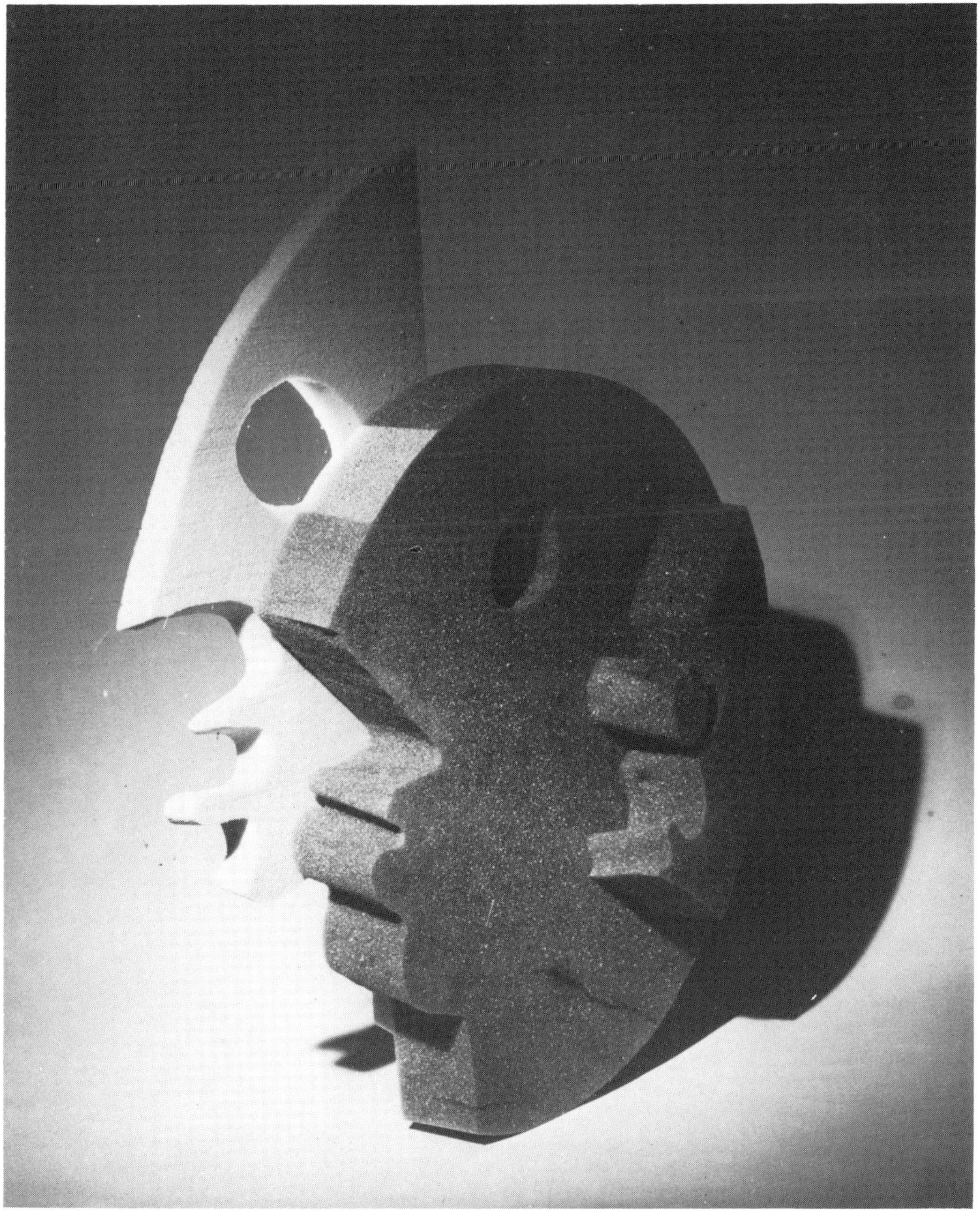

225. *« Les Chats »*.
Racloir en corne pyrogravée (ce support est plus ou moins transparent).

226 et 226 *bis*. Photographies découpées à la pyroscie (puzzle).
Toute photo collée sur carton mince peut servir à réaliser un jeu éducatif à peu de frais. Notez également la possibilité de pyrograver la photo elle-même.

226

226 bis

Le Plexiglas

227. Découpage industriel à chaud de Plexiglas de couleur (recherche de sculpture).

228. Découpage manuel à la pyroscie de Plexiglas coloré. Exercice de puzzle ; même principe que pour la figure 226, mais le découpage est ici plus difficile et plus long. Il est possible de limer, meuler, polir, enlever les rayures, coller ce matériau qui est assez coûteux.

227

228

Pyrographie

Pyrogravure sur bois

Le dessin peut se pyrograver sur les supports réservés à la gravure sur bois (voir fig. 229 a, le poirier et le buis sont les plus pratiques pour la gravure), puis s'imprimer sur du papier : c'est ce que nous appelons la « pyrographie ».

Vous pouvez également imprimer avec tout autre support en bois présentant des défauts, des veines très apparentes, des aspérités, etc. qui pourront marquer de leur empreinte le papier (c'est l'avantage de la pyrographie sur la xylographie ou gravure sur bois).
Pour l'impression,
a) imprimer comme en linogravure : étaler l'encre d'imprimerie au rouleau sur la planche pyrogravée et tirer sur papier une épreuve en frottant à la main : les creux marquent en négatif (dessin négatif, voir fig. 229 *b*) ;
b) imprimer comme en eau-forte à la presse spéciale : les creux marquent sur le papier en positif (fig. 229 *c*, se renseigner sur la technique de l'eau-forte).

Il est important pour cette technique de faire chauffer l'encre au maximum. Elle pénétrera mieux ainsi dans les creux. Racler en surface l'encre à la lame de rasoir. Imprimer à la presse avec un papier humidifié et laisser sécher : vous obtenez ainsi un positif.

N.B. Pour que le papier soit souple et épouse bien tous les détails, l'immerger dans l'eau puis le sécher entre deux buvards. Après l'impression, placer le tirage entre deux cartons pour éviter qu'il se gondole, et laisser sécher pendant 3 à 4 jours.

Pyrogravure sur Formica et Plexiglas

Le Formica et le Plexiglas se pyrogravent et s'impriment facilement. Gravez avec une pointe très chauffée pour le Formica et peu chauffée pour le Plexiglas. Chauffez légèrement l'encre. Essuyez avec de la tarlatane. Imprimez avec du papier mouillé pour un tirage positif à la presse, et avec du papier sec pour un tirage négatif à la main (voir fig. 231, p. 142).

229 *a* *b* *c*

Le cuir

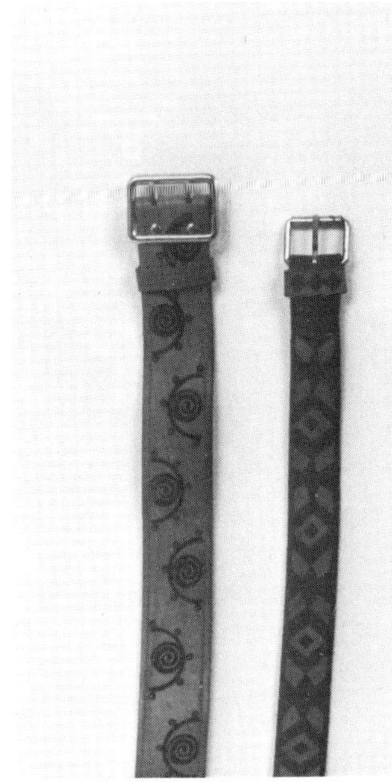

C'est un matériau noble, qui se travaille rapidement avec toutes les pointes et tous les fers cités dans ce livre.
Les fers doivent être imprimés profondément. Au début, le décor brûlé du cuir est noir, mais il ne résiste pas totalement aux manipulations. Il subsiste une empreinte d'une belle patine. Après un brossage énergique pour enlever la croûte calcinée, les creux peuvent être colorés : étaler une couche souple de vinyle coloré sur toute la surface et essuyer. Le chiffon enlève la peinture sur les reliefs et la laisse dans les creux.
Le cuir peut être acheté teint dans la masse ou peut être coloré avec des marqueurs indélébiles (voir planche couleurs p. 143), avec des colorants spéciaux pour le cuir et avec des cirages...
Il peut recevoir une dorure en utilisant la pointe spéciale à dorure n° 26 (consulter à cet effet les ouvrages spécialisés).

230. Ceinture estampée au fer et ceinture pyrogravée à la pointe universelle (travail en noir et blanc).

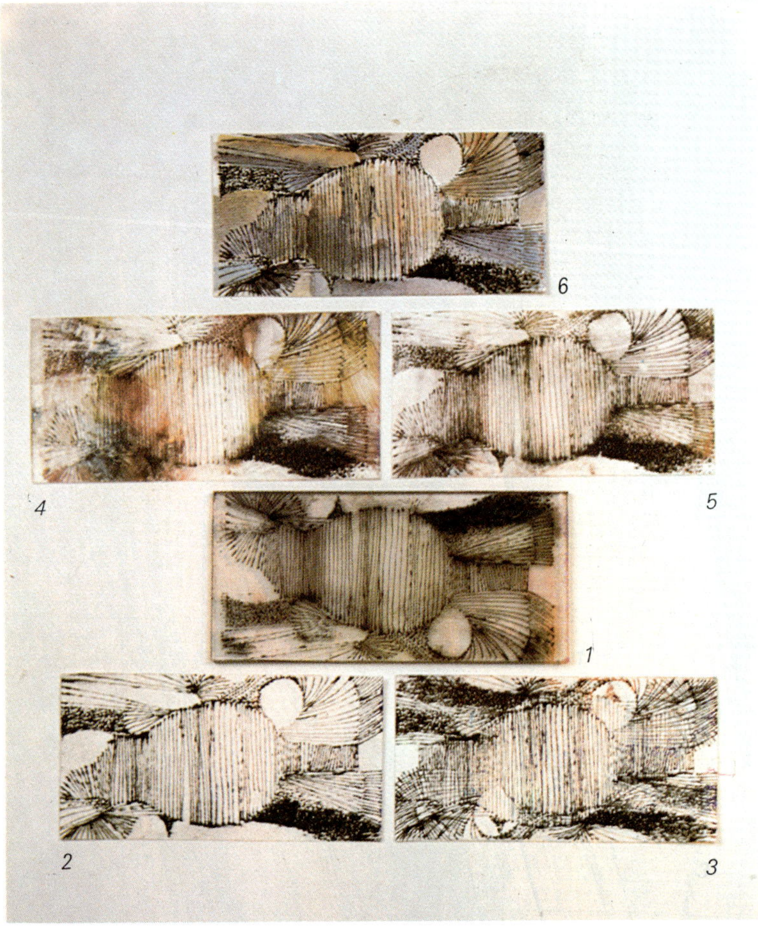

231.
1. plaque originale de Plexiglas pyrogravé (encre dans les creux) ;
2. premier tirage classique à la presse (épreuve) ;
3. deux tirages superposés avec inversion ;
4. tirage avec de la peinture à l'huile mal essuyée ;
5. tirage avec encre à l'huile typographique ;
6. tirage à l'encre pour gravure rehaussé d'aquarelle (retouches à la main).
Il est encore possible de superposer deux impressions avec un léger décalage (illusion du volume ou du mouvement).
(Étude d'Alain Conat.)

232.
Ceintures pyrogravées
et colorées aux marqueurs indélébiles.

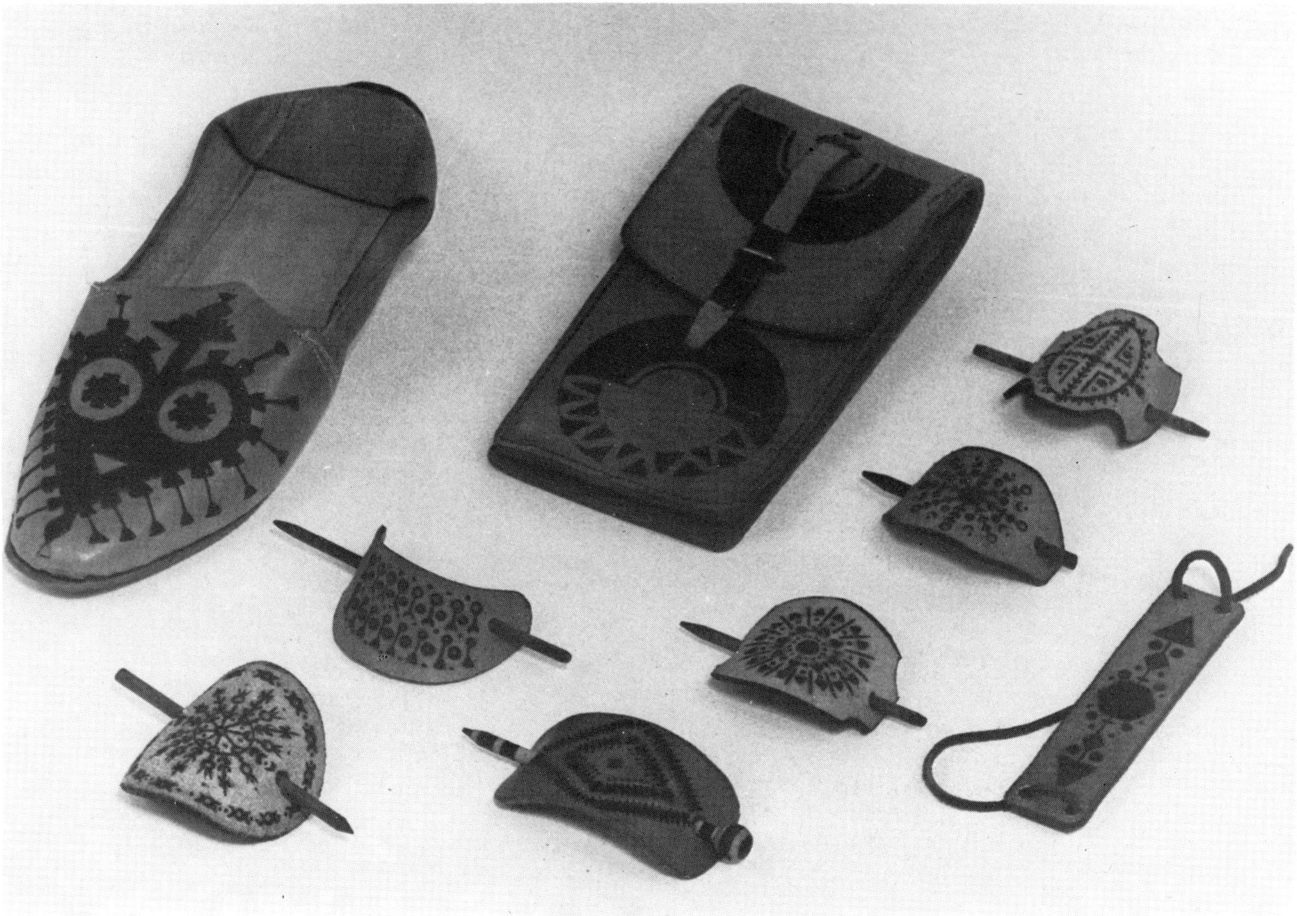

233. Babouche, sacoche de chargeurs, barrettes de cheveux et bracelet en cuir pyrogravés avec les pointes classiques.

234 *(page ci-contre).*

Avec une chute de cuir, avec un morceau de papier déchiré, un bout de plaquage de bois, etc., on peut réaliser des sous-verres.

De gauche à droite et de haut en bas :
Guerriers sur girafes (peau de chamois). *Eléphant* (carton). *Danseurs* (toile émeri à la loupe). *Hérisson* (cuir). *Morse* (papier kraft). *Chèvre* (daim). *Gazelles et girafes* (mince feuille de placage).

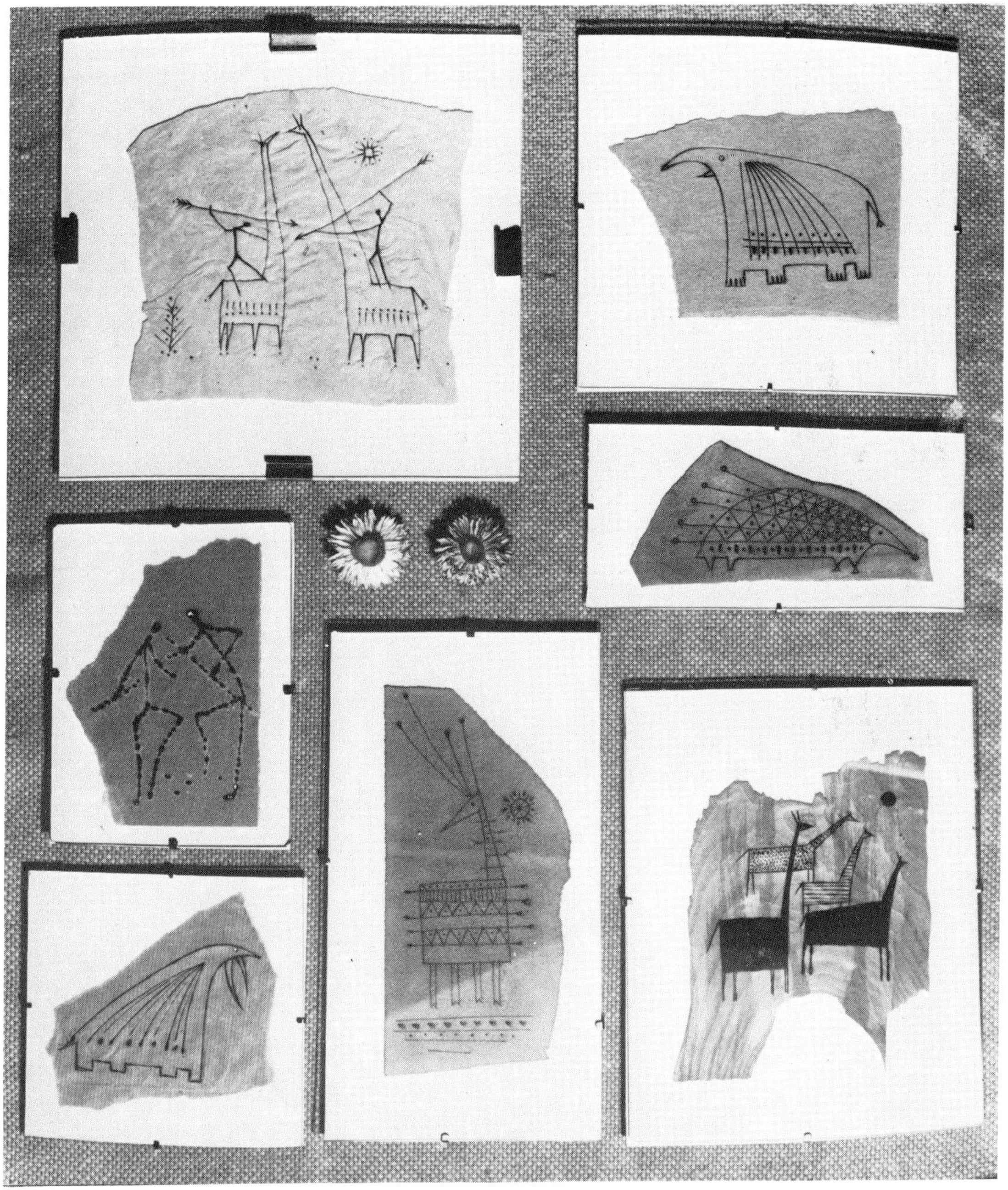

234

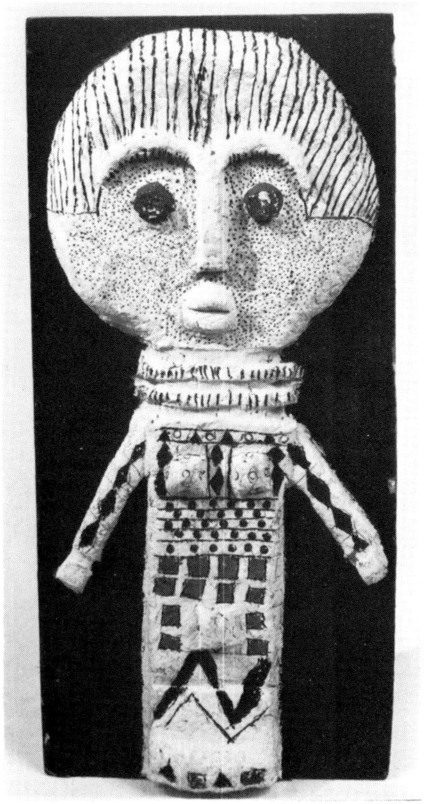

235. Poupée bas-relief en Faserit pyrogravé (papier mâché vendu dans les magasins de travaux manuels, qui se pyrograve comme le papier).
Il est possible de réaliser des sculptures, des têtes de marionnettes, des santons pyrogravés, etc. avec cette technique.

236. Emballages de bouteilles (aggloméré de carton : pyrogravure rapide et facile). Hauteur 30 cm.

237. Noix de coco, citron et orange séchés et pyrogravés.

Le velours

Dans l'industrie, on emploie divers procédés de décor sur velours, dont il serait possible de trouver des applications simplifiées au niveau de l'école ou de l'artisan :

Procédé du « velours frappé », écrasé entre deux rouleaux chauffés.

Procédé de Breischwanz : brossage du velours dans un cache de zinc.

Procédé de brûlure du velours avec un produit à base d'acide*.

Au niveau scolaire et au niveau de l'artisan, les velours se pyrogravent avec la pointe pour velours (n° 14 ou 24) ou toutes les autres pointes à pyrograver, l'appareil étant en position chauffe moins (—).
Le velours résiste suffisamment à la chaleur, son aspect précieux et fragile est trompeur. Les velours synthétiques (velours « miracle », coton + viscose), moins coûteux, brûlent plus rapidement que les velours anciens.

---

* Pour plus de détail, cf. l'ouvrage *Soiries de Lyon,* par Gilonne, chapitre « Gaufrage impression », de Louis Bret. Musée historique des tissus de Lyon, 34, rue de la Charité.

La pyrogravure sur velours donne un effet de bas-relief (voir fig. 240). Tout dépend de la lumière qui joue sur la pyrogravure du velours : les ombres dépendent de la profondeur de la brûlure. Le dégradé se réalise en inclinant la pointe pour velours.
Lorsque l'on appuie plus fort, le poil est roussi : voir *Les fleurs*, fig. 238.
En écrasant les poils très fortement avec la pointe à velours peu chauffée, le jeu de la lumière éclaircit la couleur du velours. Cet effet peut s'étendre à de larges surfaces (voir le cou de l'oiseau, fig. 245). Il suffit alors d'interposer du calque entre le velours et la pointe chaude.

La couleur de la brûlure n'est pas toujours prévisible :

> Sur les velours clairs, le trait est foncé (fig. 238).
> Sur les velours sombres, le trait est plus clair (fig. 239 et 241).

Les brillants sont toujours apparents, quelle que soit la couleur du velours.
Notez la possibilité de colorer le velours à la peinture à l'huile avec le médium approprié (demandez conseil à votre fournisseur habituel) et certaines couleurs pour tissus.
Pensez aussi à essayer la pyrogravure sur d'autres tissus.

239

240

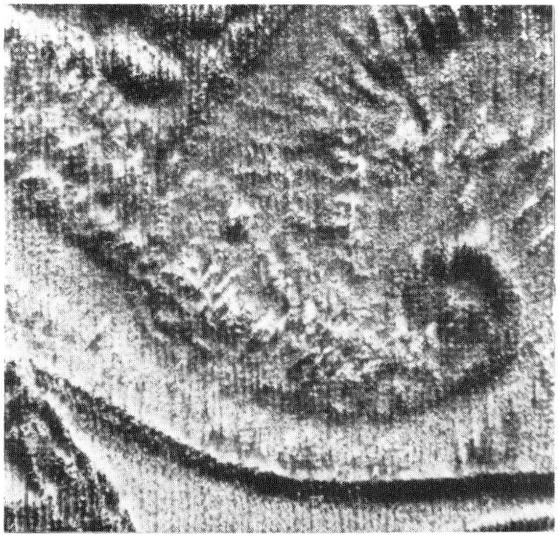

241

La pyrosoudure

Il est possible de transformer l'appareil à pyrograver en fer à souder. Il suffit de remplacer les pointes traditionnelles par le bec à souder prévu à cet effet (n° 3712 de la nouvelle pointe pour le G 4). La réussite de la soudure dépend :

1. **du métal employé** (cuivre, zinc, bronze, laiton, fer, fer étamé, fer-blanc, argent, maillechort...)
2. **du décapage :** nettoyer à la lime ou à la toile émeri les parties à souder. On utilise les pâtes spéciales décapantes, en vente dans le commerce, ou bien l'acide muriatique
3. **du bon contact** entre les pièces à souder (utiliser par exemple une pince à ressort pour serrer le métal)
4. **du chauffage** prolongé des deux pièces à souder (celles-ci ne doivent pas être trop disproportionnées dans leur épaisseur et, de toute façon, être amenées à température identique)
5. **de la température du bec du fer** (si elle est trop élevée, l'étain s'échappe de la pointe ; si elle est trop faible, l'étain reste pâteux).
6. **du refroidissement de l'étain :** laissez-le bien se solidifier et refroidir.

N.B. Notez l'existence du fil d'étain comportant dans son âme de la résine décapante qui facilite la soudure.
Lorsque la soudure ne tient absolument pas (aluminium sur cuivre), employez des colles résines spéciales avec adhésif et durcisseur.

242.
Chevalier.
Soudure et décor du cuivre avec de l'étain. Travail au bec à souder (voir fig. 39, à droite). Soudure homogène.

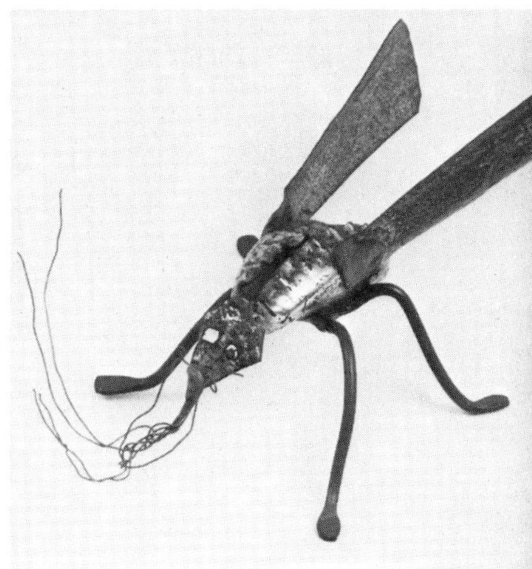

243.
La mouche.
Capsule de bouteille pliée en deux, fils de cuivre et fer-blanc soudés à l'étain.
Travail de J. Grimault.
Soudure hétérogène : étamer les diverses parties à souder séparément puis les souder entre elles.

Le plastique et la pyrogravure

Vendu couramment en droguerie, récupéré dans des sacs d'emballage, le plastique existe actuellement dans un éventail de couleurs qui autorisent de grandes possibilités de créations : le plastique permet des effets de couleurs variées, de transparence, d'opacité, de matière, d'aplats, de volume...
Le plastique se soude facilement sous l'effet d'une pression et d'un ramollissement dû à la chaleur : il existe une pointe spéciale pour plastique (référence 3624), mais elle n'est pas indispensable ; il suffit de bien doser la température des pointes employées. Pour couper le plastique, on utilise la pointe couteau (T 10, T 20). Il est très important de choisir des plastiques en feuilles d'épaisseur suffisante, sinon ils se déforment, fondent et adhèrent à la pointe.
La grosse panne plate d'un fer à souder, un fer à repasser à température convenable permettent de souder de grandes surfaces : le résultat est plus rapide et plus soigné. Pour éviter toute adhérence à la semelle du fer, interposer du papier sulfurisé (ou du calque) entre le fer et le plastique. Si la pointe est encrassée, la frotter à chaud sur du bois.

N.B. Éviter de travailler le plastique dans un local complètement clos.

Applications du plastique : guirlandes, drapeaux de fête, abat-jour, sacs décorés, masques (en partant d'un sac par exemple), marionnettes et poupées rembourrées, costumes de carnaval, objets gonflables, sculptures et structures gonflables, diapositives (vous pouvez créer des diapositives dans du plastique mou et mince*).

244. Gros plan de fragments de sacs en plastique soudés à chaud à la pointe n° 3624.

* Cf. *« Créer des diapositives »,* fig. 209 et 240, paru dans la même collection chez les mêmes éditeurs.

Le brunissage du bois aux acides

Les acides attaquent le bois en le colorant ou en le noircissant. Ils autorisent des études graphiques rapides et gestuelles par application au pinceau et des effets mouillés de lavis par projection de gouttes d'acide et par diffusion dans le bois.
Dessinez avec un pinceau trempé dans de l'eau de chaux additionnée de bichlorure de mercure ou employez l'acide sulfurique, vous teindrez ainsi les bois blancs du brun vineux au noir.
L'acide azotique colore en jaune d'or foncé, l'acide nitrique en roux, le formol en jaune brillant.
Les acides s'étendent souvent dans les veines du bois. On peut alors exploiter les effets obtenus. Par contre, si l'on veut contrôler et éviter leur extension, il faut protéger avec de la cire liquide les parties que l'on veut garder en réserve.

ATTENTION : la manipulation de ces produits est très dangereuse ; elle est à déconseiller à l'école.

Le brunissage du bois au sable

Il est utilisé par les ébénistes pour créer des ombres sur les motifs de marqueterie.
Dans une boîte en fer, chauffer à vif du sable fin de rivière, puis introduire les pièces à brunir horizontalement avec un mouvement de va-et-vient et en s'aidant d'une pince. Les nuances sont obtenues en variant la durée du contact du bois avec le sable. Pour obtenir des courbes ombrées, il suffit d'onduler la surface du sable avec une raclette. Selon la dureté du bois, et surtout selon son épaisseur, le brunissage est rapide ou non, superficiel ou profond.
Le sable chauffé au maximum peut être aussi versé entre des caches sur des planches de bois blanc et tendre, pour ombrer de grandes surfaces.
Il est possible également de déplacer le sable directement sur le bois avec un racloir pour modifier l'importance du brunissage. Sur le sapin par exemple, le sable chaud brûle surtout les parties de bois tendre et attaque très peu les veines plus dures. Un brossage vigoureux à la brosse métallique effectué dans le sens des fibres du bois fait ressortir le veinage.
Pour obtenir un brunissement plus marqué, remplacer le sable chaud par un chalumeau.

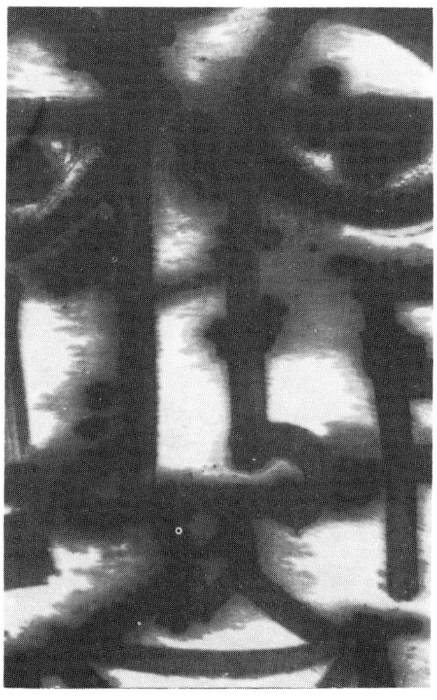

246. Brosse + acide sulfurique sur hêtre (graphisme gestuel).

247. Visage : pinceau + acide sulfurique + éclaboussures (gouttes) d'acide.
Noter l'extension de l'acide dans le contre-plaqué (effet comparable au sfumato).

248. Robe à paniers : éléments servant aux encadrements d'ébénisterie avec motifs pyrogravés.

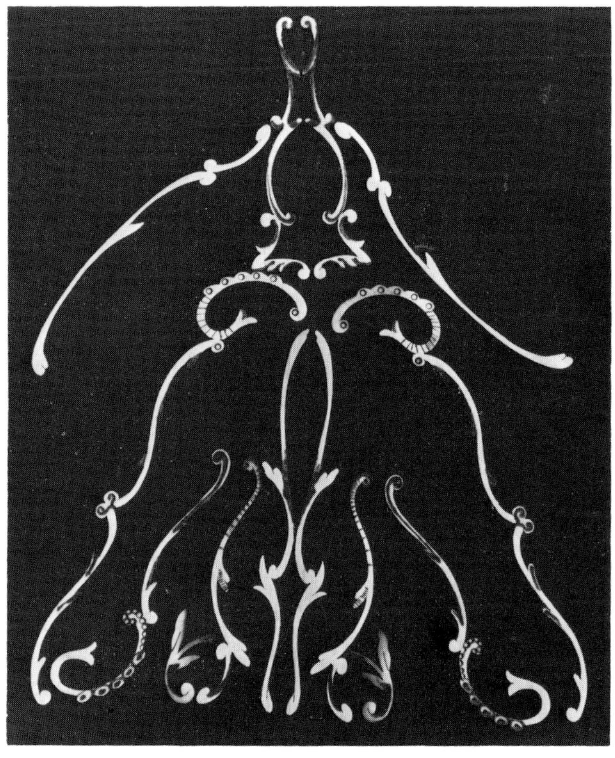

249. Planche pour la réalisation d'un sous-verre : éléments décoratifs de marqueterie (ombrage au sable chaud et coloration avec produits spéciaux pour teinture sur bois).
Tulipier (kaki clair) ; sycomore (blanc ou teinté jaune, orange) ; poirier (gris mauve) ; citronnier (gris).
(Chérubin et fils, rue Galline, Villeurbanne.)

Effacement, retouche de la pyrogravure

La pyrogravure donne un résultat définitif. C'est un procédé qui admet difficilement les retouches. Cependant, voici quelques moyens pour effacer et retoucher un dessin ou des détails ratés :

• Avec du papier de verre, on peut effacer totalement le travail ou nuancer les valeurs sur des fonds brunis. Il est possible également d'éclaircir des fonds (voir fig. 169). Vous pouvez aussi enlever le sfumato autour des traits avec le papier de verre en frottant très légèrement le dessin.

• Avec de l'eau de Javel pure (ou en utilisant la préparation à base de soude indiquée à la page suivante), on peut effacer la coloration brune du bois carbonisé sans supprimer bien entendu les creux de la pyrogravure.

• Avec une lame de rasoir, un morceau de vitre, une râpe à sculpture, un racloir, il est également possible de gratter les erreurs peu imprimées dans le bois.

• En dernier recours, s'il n'y a plus d'améliorations possibles et si l'épaisseur du bois le permet, poncer l'ensemble de la planche à la main ou, de préférence, à la machine (raboteuse ou dégauchisseuse).

Notez encore ces possibilités si le résultat final n'est pas satisfaisant :

• Pour un décor géométrique, il suffit de simplifier, de boucher progressivement les motifs en les noircissant.

• Resculpter à la gouge ou avec une râpe montée sur flexible (un flexible est composé d'un mandrin fixé au bout d'un câble tournant dans une gaine de protection souple. Ce câble transmet le mouvement de rotation de la perceuse à l'outil : voir notices des fabricants de perceuses, qui vous proposent d'autres machines-outils permettant de constituer un atelier : tours à bois, scies sauteuses, etc.).

• Retoucher avec de la peinture en soulignant les parties intéressantes, en cachant les motifs ratés et en créant de nouveaux motifs peints sur un fond déjà noirci (peinture à l'huile, vinyle).

Décoloration du bois

Il est parfois intéressant de blanchir partiellement ou totalement un bois pour mettre en valeur un travail de pyrogravure. Mettez alors le bois en contact avec l'une de ces préparations utilisées autrefois par les ébénistes :

a)	soude	200 g
	hypochlorite de chaux	75 g
	acide chlorhydrique	75 g
	eau	1 litre
b)	chlorure de chaux	250 g
	soude cristallisée	30 g
	eau	1 litre

c) eau de Javel concentrée, qui blanchit la couleur naturelle du bois (voir fig. 193).

Décors grattés et patines

Les vieux objets en bois ont souvent pris avec le temps une couleur patinée. Par grattage, on peut retrouver la couleur initiale et naturelle du bois, ce qui permet de créer des décors de valeurs et de couleurs nouvelles (voir *Les Pilons,* fig. 73).
Pensez aussi à vieillir les objets trop neufs avec des brous de noix, des encres, etc. (voir *Coquetier,* fig. 79, ligne du bas, 2e à gauche) puis les décorer par grattage et pyrogravure.

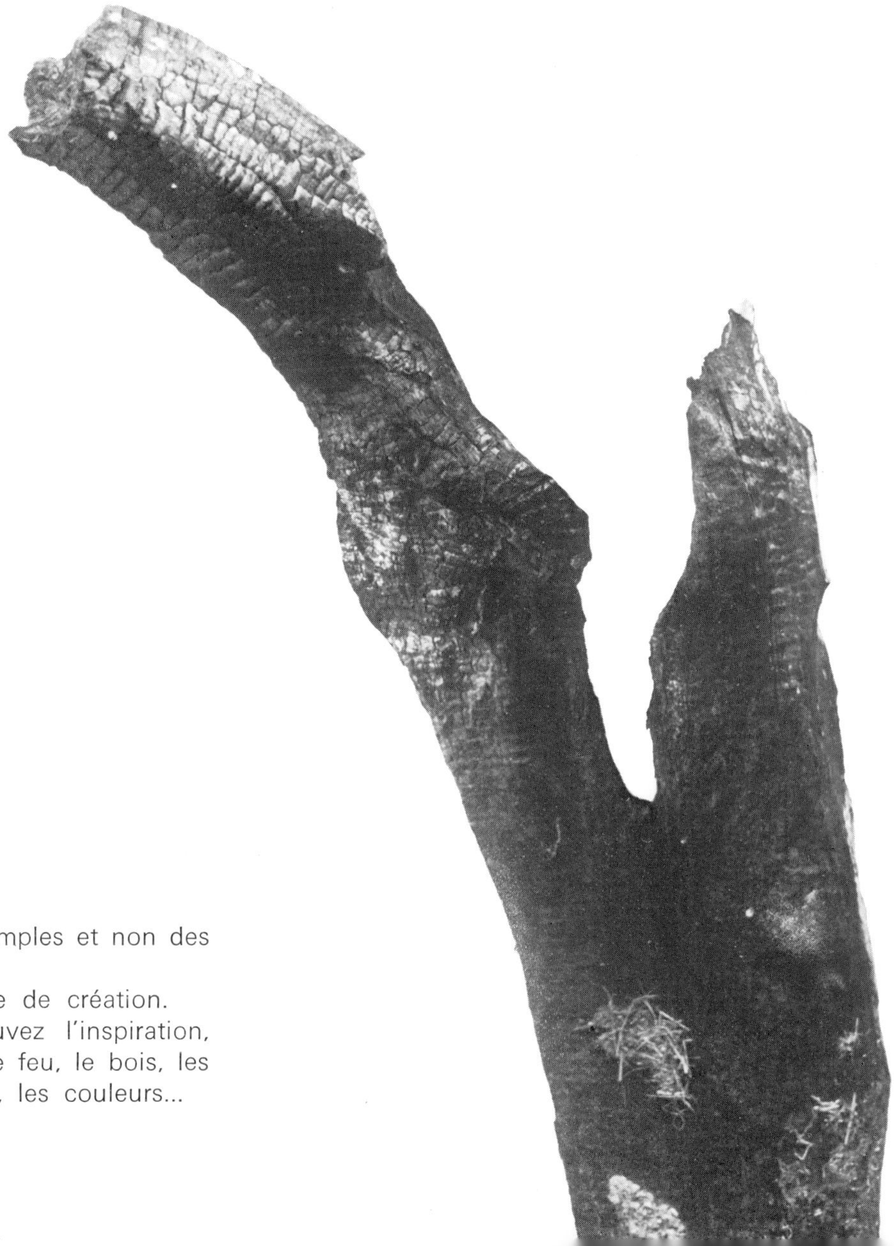

Ce livre ne présente que des exemples et non des modèles.
C'est une invitation à un voyage de création.
Livrez-vous à l'aventure et trouvez l'inspiration, l'envie de créer en jouant avec le feu, le bois, les matières, les volumes, les formes, les couleurs...

Extrait du catalogue :

HORS COLLECTION

L'Avare (en bandes dessinées)

Techniques de l'art et de la couleur

Art de la couleur (édition complète)
Art de la couleur (édition abrégée)
Le dessin et la forme
Klee - tome 1 : La pensée créatrice
Klee - tome 2 : Hist. naturelle infinie
Josef Albers
Présence de la couleur
Les contrastes de la couleur
La couleur : origine, méthodologie
Le cube des couleurs
L'esprit de la couleur
La technique du tableau
Structure
Un module parcourt l'espace
Design : la dynamique des formes
La composition en photographie
Le langage décoratif
La civilisation de l'écriture

Encyclopédie des métiers d'art

Le tissage
La poterie

Artisanat créateur

Afrique noire

Arts plastiques, arts déco, arts du feu

L'art du laque
L'étalage
Art contemporain du bijou
Le livre du potier
La poterie : terres et glacures
La poterie : technique du tournage
La poterie : les fours
Poterie primitive
La porcelaine artisanale
Raku, art et technique
La mosaïque et ses techniques
Potiers contemporains
Apprenons à tisser
Tissage à la main (de Saedeleer)
Céramique populaire espagnole
Céramique populaire espagnole
Céramique populaire mexicaine
Connaître et réaliser la céramique japonaise
Hamada, le potier
La poterie et ses techniques
Créations en plastiques
Habitat 1 : chambre à coucher
Habitat 2 : la salle de séjour
Habitat 3 : surfaces de communication

Pratique des activités manuelles

Bois et métal dans la maison
Créer sans bourse délier
La sérigraphie sur papier et sur étoffe
Activités manuelles en famille
Cartonnage gainerie
Panneaux en fils, 1re série
Panneaux en fils, 2e série
Figurines en toile de jute
Loisirs et couleurs
Cannage et rempaillage

Initiation à la créativité

Activités créatrices (ozinga)
La petite classe de peinture
L'atelier des enfants
Clémentine apprend à tricoter
Clémentine apprend le macramé
Formes à jouer
La palette des crayons
Rythmes pour un dessin

Manu-Presse
Série « Les techniques »

Poterie
Macramé
Encadrement
Les tapis
Émaux
Impressions
Teinture et filage
Tissage en bande
Tissage
Édredons en patchwork
Tapisserie « Bargello »
Petits meubles
Taaniko, tissage maori

Série « Les loisirs » (carré bleu)

Tableaux en fils
Art et collage
Animaux et poupées en étoffe
Mode et macramé
Mode et patchwork
Les abat-jour
A l'école des fleurs

Série « Club »

Broderie
Plaisir de la poterie
Travail du bois
Teintures, batik, bougies
Jouets et poupées en étoffe
Apprendre à tisser
Tricot et crochet
Bijoux fantaisie

Manu-poche

Les bougies
Théâtre d'ombres
Jouets en étoffe
Pierres polies
Collages

Les fleurs dans la maison
Macramé I
Macramé II
Tisser avec des perles
Fils tendus
Petit monde de papier
Balles de ping-pong
Bois découpés
Teindre avec des plantes
Savoir encadrer
Fleurs en papier
Coquillages
Abat-jour
Fils tendus en volume
Feuilles d'aluminium
Fantaisies en plastique
Créations en plumes

Manu-Cadets

Décors de chambre d'enfants
Activités de vacances
Jeu et décors de fête
Poupées et coussins
La boutique du petit bricoleur
Petits cadeaux à faire soi-même

Mains agiles

Technique du rotin
Charme du rotin
Sculpture sur bois
Minéraux et pierres précieuses (épuisé)
Décorer avec des feuilles de métal
Émail à froid
Perles
Perles, fils et macramé
La cellophane (épuisé)
Constructions en carton ondulé
Copeaux et bois déroulés
La sérigraphie au club des jeunes
La reliure à la portée des débutants
Filer au rouet
Décors et matières en céramique
Métaux et photographie
Montages audio-visuels
Avec des clous à ferrer
Jouer avec des feuilles de maïs
Bateaux en modèle réduit
Jeux de fils
Perles et tissage
Tissage sur cercle
Teintures végétales
Tapis tissé I
Tapis tissé II
Nouveaux jeux de fils
Émaux en poudre à basse température
Découper bouteilles et verres perdus

Activités créatrices et plastiques

La trichlographie
Le polystyrène expansé
Le stratifié
La feutrine

Le jeu qui crée

Le papier
Le bois
La céramique
Fils et tissus
Couleurs et tissus (épuisé)
Le carton ondulé
Le métal

Le jeu et l'élément créateur

Point et ligne
Le plan

Créations artistiques

Papiers de couleur
Couleurs opaques
Crayons de cire
Encres
Impressions en couleurs
Théâtre de marionnettes
Formes et modelages
Le hasard et l'objet
Espaces et volumes
Imprimer en s'amusant
Cartes de vœux personnalisées
Collages de fils, de laine, de tissus
Bijoux très simples en polyester

Découvrir

L'argile
Impressions faciles sur tissu
Le contre-plaqué
La broderie aujourd'hui
Le batik, premières notions
L'enfant et la poterie
Fils et pointes
La petite ferronnerie
Charme du liège
Papier ondulé de couleur
Jouer avec les sciences de la nature
Le vitrail, premières notions
Maison de poupée
80 idées de patchwork
Sculpture sur pierre, premières notions

Les « Touche-à-tout »

Marionnettes d'enfants
Un zoo en papier collé
Adhésifs de couleur
Décorer pierres et galets

Savoir imaginer

Graver sur bois et sur lino
Avec des masques
Avec du papier plié
Avec des boîtes à œufs
Pour teindre les étoffes
Avec du papier mâché
Avec du bois, des gouges, une scie
Avec du plâtre et du polystyrène expansé
Bricolages d'enfants
Avec du liège
Animaux en chaussettes